U0107070

资本主义的幸存

生产关系的再生产

（第3版）

[法] 亨利·列斐伏尔（Henri Lefebvre）| 著

米 兰 | 译

上海社会科学院出版社
SHANGHAI ACADEMY OF SOCIAL SCIENCES PRESS

目　录

重拾拜德雅之学

1

中国古代，士之教育的主要内容是德与雅。《礼记》云："乐正崇四术，立四教，顺先王《诗》《书》《礼》《乐》以造士。春秋教以《礼》《乐》，冬夏教以《诗》《书》。"这些便是针对士之潜在人选所开展的文化、政治教育的内容，其目的在于使之在品质、学识、洞见、政论上均能符合士的标准，以成为真正有德的博雅之士。

实际上，不仅是中国，古希腊也存在着类似的德雅兼蓄之学，即 paideia（παιδεία）。paideia 是古希腊城邦用于教化和培育城邦公民的教学内容，亦即古希腊学园中所传授的治理城邦的学问。古希腊的学园多招收贵族子弟，他们所维护的也是城邦贵族统治的秩序。在古希腊学园中，一般教授修辞学、语法学、音乐、诗歌、哲学，当然也会讲授今天被视为自然科学的某些学问，如算术和医学。不过在古希腊，这些学科之间的区分没有那么明显，更不会存在今天的文理之分。相反，这些在学园里被讲授的学问被统一称为 paideia。经过 paideia 之学的培育，这些贵族身份的公民会变得"καλὸς κἀγαθός"（雅而有德），这个古希腊语单词形容理想的人的行为，而古希腊历史学家希罗多德（Ἡρόδοτος）常在他的《历史》中用这个词来描绘古典时代的英雄形象。

在古希腊，对 paideia 之学呼声最高的，莫过于智者学派的演说家和教育家伊索克拉底（Ἰσοκράτης），他大力主张对全体城邦公民开展 paideia 的教育。在伊索克拉底看来，paideia 已然不再是某个特权阶层让其后嗣垄断统治权力的教育，相反，真正的 paideia 教育在于给人们以心灵的启迪，开启人们的心智，与此同时，paideia 教育也让雅典人真正具有了人的美德。在伊索克拉底那里，paideia 赋予了雅典公民淳美的品德、高雅的性情，这正是雅典公民获得独一无二的人之美德的唯一途径。在这个意义上，paideia 之学，经过伊索克拉底的改造，成为一种让人成长的学问，让人从 paideia 之中寻找到属于人的德性和智慧。或许，这就是中世纪基督教教育中，及文艺复兴时期，paideia 被等同于人文学的原因。

2

在《词与物：人文科学考古学》最后，福柯提出了一个"人文科学"的问题。福柯认为，人文科学是一门关于人的科学，而这门科学，绝不是像某些生物学家和进化论者所认为的那样，从简单的生物学范畴来思考人的存在。相反，福柯认为，人是"这样一个生物，即他从他所完全属于的并且他的整个存在据以被贯穿的生命内部构成了他赖以生活的种种表象，并且在这些表象的基础上，他拥有了能去恰好表象生命这个奇特力量"[1]。尽管福柯这段话十分绕口，但他的意思是很明确的，人在这个世界上的存在是一个相当复杂的现象，它所涉及的是我们在这个世界上的方方面面，包括哲学、语言、诗歌等。这样，人文科学绝不是从某个孤立的角度（如单独从哲学的角度，单独从文学的角度，单独从艺术的角度）去审视我们作为人在这个世界上的存在，相反，它有助于我们思考自己在面对这个世界的错综复杂性时的构成性存在。

其实早在福柯之前，德国古典学家魏尔纳·贾格尔（Werner Jaeger）就将 paideia 看成一个超越所有学科之上的人文学总体之学。正如贾格尔所说，"paideia，不仅仅是一个

1　米歇尔·福柯：《词与物：人文科学考古学》，莫伟民译，上海：上海三联书店，2001 年，第 459-460 页。

符号名称，更是代表着这个词所展现出来的历史主题。事实上，和其他非常广泛的概念一样，这个主题非常难以界定，它拒绝被限定在一个抽象的表达之下。唯有当我们阅读其历史，并跟随其脚步孜孜不倦地观察它如何实现自身，我们才能理解这个词的完整内容和含义。……我们很难避免用诸如文明、文化、传统、文学或教育之类的词来表达它。但这些词没有一个可以覆盖 paideia 这个词在古希腊时期的意义。上述那些词都只涉及 paideia 的某个侧面：只有把那些表达综合在一起，我们才能看到这个古希腊概念的范阈"[1]。贾格尔强调的正是后来福柯所主张的"人文科学"所涉及的内涵，也就是说，paideia 代表着一种先于现代人文科学分科之前的总体性对人文科学的综合性探讨研究，它所涉及的，就是人之所以为人的诸多方面的总和，那些使人具有人之心智、人之德性、人之美感的全部领域的汇集。这也正是福柯所说的人文科学就是人的实证性(positivité)之所是,在这个意义上,福柯与贾格尔对 paideia 的界定是高度统一的，他们共同关心的是，究竟是什么，让我们在这个大地上具有了诸如此类的人的秉性，又是什么塑造了全体人类的秉性。paideia，一门综合性的人文科学，正如伊索克拉底所说的那样，一方面给予我们智慧的启迪，另一方面又赋予我们人之所以为人的

1　Werner Jaeger, *Paideia: The Ideals of Greek Culture, vol. 1*, Oxford：Blackwell, 1946, p.i.

生命形式。对这门科学的探索，必然同时涉及两个不同侧面：一方面是对经典的探索，寻求那些已经被确认为人的秉性的美德，在这个基础上，去探索人之所以为人的种种学问；另一方面，也更为重要的是，我们需要依循着福柯的足迹，在探索了我们在这个世界上的生命形式之后，最终还要对这种作为实质性的生命形式进行反思、批判和超越，即让我们的生命在其形式的极限处颤动。

这样，paideia 同时包括的两个侧面，也意味着人们对自己的生命和存在进行探索的两个方向：一方面，它有着古典学的厚重，代表着人文科学悠久历史发展中形成的良好传统，孜孜不倦地寻找人生的真谛；另一方面，也代表着人文科学努力在生命的边缘处，寻找向着生命形式的外部空间拓展，以延伸我们内在生命的可能。

3

这就是我们出版这套丛书的初衷。不过，我们并没有将 paideia 一词直接翻译为常用译法"人文学"，因为这个"人文学"在中文语境中使用起来，会偏离这个词原本的特有含义，所以，我们将 paideia 音译为"拜德雅"。此译首先是在发音上十分近似于其古希腊词语，更重要的是，这门学问诞生之初，便是德雅兼蓄之学。和我们中国古代德雅之学强调"六艺"一样，古希腊的拜德雅之学也有相对固定的分目，或称为"八艺"，即体操、语法、修辞、音乐、数学、地理、自然史与哲学。这八门学科，体现出拜德雅之学从来就不是孤立地在某一个门类下的专门之学，而是统摄了古代的科学、哲学、艺术、语言学甚至体育等门类的综合性之学，其中既强调了亚里士多德所谓勇敢、节制、正义、智慧这四种美德（ἀρετή），也追求诸如音乐之类的雅学。同时，在古希腊人看来，"雅而有德"是一个崇高的理想。我们的教育，我们的人文学，最终是要面向一个高雅而有德的品质，因而我们在音译中选用了"拜"这个字。这样，"拜德雅"既从音译上翻译了这个古希腊词语，也很好地从意译上表达了它的含义，避免了单纯叫作"人文学"所可能引生的不必要的歧义。本丛书的 logo，由黑白八点构成，以玄为德，以白为雅，黑白双色正好体现德雅兼蓄之意。同时，这八个点既对应于拜德雅之学的"八艺"，也对应于柏拉图在《蒂迈欧篇》中谈到的正六面体（五种柏拉图体之一）的八个顶点。它既是智慧美德的象征，也体现了审美的典雅。

不过，对于今天的我们来说，更重要的是，跟随福柯的脚步，向着一种新型的人文科学，即一种新的拜德雅前进。在我们的系列中，既包括那些作为人类思想精华的**经典作品**，也包括那些试图冲破人文学既有之藩篱，去探寻我们生命形式的可能性的**前沿著作**。

　　既然是新人文科学，既然是新拜德雅之学，那么现代人文科学分科的体系在我们的系列中或许就显得不那么重要了。这个拜德雅系列，已经将历史学、艺术学、文学或诗学、哲学、政治学、法学，乃至社会学、经济学等多门学科涵括在内，其中的作品，或许就是各个学科共同的精神财富。对这样一些作品的译介，正是要达到这样一个目的：在一个大的人文学的背景下，在一个大的拜德雅之下，来自不同学科的我们，可以在同样的文字中，去呼吸这些伟大著作为我们带来的新鲜空气。

第3版前言

1968年6月至1972年10月，亨利·列斐伏尔写就了组成本书的各个篇章。这是一个高度动荡的时期，其间充满裹挟着巨大力量的革命运动。这些运动把整个世界与发生运动的国家搅得天翻地覆，在法国，1968年的"五月风暴"将运动推向高潮。这是政治局势高度紧张的时期，与1917年至1921年类似，超越资本主义势在必行，因此未来——纵使因为工人版本的革命总是立即遭遇失败而显得有些暗淡——对于当时的大部分人来说，依旧开放着极大的可能性。这是由各种中断、通道与死路、希望与幻灭，以及对"出路"的集体探索造就的时期。但最重要的是，这一时期终结了阶级社会及其无产阶级革命的历史周期，标志着一个充满矛盾的新周期的到来——资本主义社会及其作为人类社会的他者化。

列斐伏尔在这一时期继续着他的理论工作，思考不同于社会科学和建立在资本主义系统及其国家之上的哲学所谈论的现代性与现代主义，却也并未向教条让步。他已经七十岁了，却依旧洋溢着青春的活力，他确信，既然共产主义纲领并未实现，那么，在不"放弃马克思"[1]的前提下，应该着手对资本主义进行新的分析，把它为何成功"幸存下来"弄个明白。

1　出自数年后列斐伏尔出版的《一种成了世界的思想：是否应该放弃马克思？》(*Une pensée devenue monde. Faut-il abandonner Marx ?*, Fayard, 1980)。

　　不过，到了这一步，他的批判思想并不是平地起高楼。普遍化的反体制、反生活方式的抗议在 1968 年 5 月突然从社会底层向上层"泛滥"[1] 之前，资本主义历史矛盾得以成长壮大的土壤已经被列斐伏尔作好标记、准备妥当了，若干概念也相应地建立起来。日常生活批判、城市空间的生产与再生产、重复与差异、世界性，这些概念构成了理论"发现"的来源，而后者对于理解资本主义系统的"突变"有着"普遍的意义"。该发现名为：生产关系的再生产。正是围绕着生产关系的再生产过程（而不是生产关系的系统），一组维持资本主义存活的起因与理由产生了。针对这一过程，列斐伏尔否决了单向度的解读，正如针对其他话题那样。在本书阐释该概念并以该概念命名的七十页内容中，他强调不存在独立于生产的社会关系再生产的单一运作因素，而他的理论工作确定了多个历史条件，它们相互作用，最终达到如此结果。其中两个最关键的运作因素，他在本书剩下的三分之二内容中进行解读。首先，列斐伏尔摆出一个事实，那就是工人阶级并未丢失自己作为生产者的

---

1 《泛滥：从楠泰尔到巅峰》(*L'Irruption de Nanterre au sommet*, Anthropos, 1968) 与《资本主义的幸存》于 1973 年分别再版，是否有必要？或许有。而列斐伏尔与他的编辑，安特罗波斯出版社的创始人暨主任塞尔日·若纳斯(Serge Jonas)作出了另一选择。他们往《资本主义的幸存》1973 年新版中加入了列斐伏尔在 "五月风暴" 退潮不久写就的时评文本超过一半的内容，该评论亦被收入《泛滥》一书。这部分内容与列斐伏尔几年后写成的关于再生产和工人阶级的长文一道，构成了新版的骨架。1973 年的两个版本都没有提及这样的拼接编排，因此人们只能在本版第 58 页（译按：应为第 38 页）的注释中找到文本拼接的一丝痕迹："参考成文于 1968 年 6 月的《泛滥：从楠泰尔到巅峰》，改写版本见后文。"雷米·埃斯会在后记中对这样的文本安排进行更详细的解读。

阶级身份，因此列斐伏尔给它命名为"反资本主义 […] '阵营'中最为壮大的队伍"（原书第 76 页）。然而工人阶级也因此接受了自己在生产上的支配地位，从而放弃了革命的整体实践。然后，通过这造成的一切影响，必须考虑到"知识 […] 变成了直接生产力"的事实（原书第 72 页）。实际上，技术科学的扩展、知识的细分与专业化、信息的普及、城市空间的增值，还有资产阶级社会旧媒介的相应贬值，从此通通置身于"文化革命"当中，在那里依旧无法找到确切出路，它只是一个"总体 […] 进程，朝向一个目标：在新的（工业与城市）基础上，把社会重建为社会"（原书第 171 页）。

在上述各项情况已经过去差不多三十年后，重新编辑本书能够帮助我们认识资本主义再生产的动态演进，即便书中包含很多来自阶级斗争旧周期的政治预设。而到了今天，这些预设要么失效了，要么改头换面，变成了民主主义的意识形态。

生产今非昔比

生产关系的再生产概念在马克思的著作中基本以简单再生产的形式出现，被认为是资本增值的扩大化（即剩余价值）。直到 1970 年，迟到的《〈资本论〉未出版章节》在法国出版（UGE 出版社，"10/18"丛书），生产关系的再生产才得到特别阐明。像那个时代的其他批判理论家一样，列斐伏尔通过《〈资本论〉未出版章节》确认了自己的预见，那就是物化领域已经扩大到当时人类活动中生产劳动较少涉足的范围。然而他并未就此得出哥白尼式的颠覆性结论——只读到本书前几页导论中带有"发现"这一标题的内容的读者，或许会这样认为。

列斐伏尔提醒读者，马克思并未忽略社会关系再生产对资本主义积累的贡献（原书第 41 页）。接下来，他通过展示该社会关系的再生产使人明白，为什么该过程对于资本对生产劳动乃至整个"商品世界"占有的支配地位的强化与普遍化是必要的。然而这种过于仓促的确信无疑使马克思"没能走得更远"，他局限于只提出了一个"新问题 ［……］：'既然商品世界似乎是滋养资本的中心，那么，我们应该如何逃离它？'"（原书第 42 页）[1]。对于列斐伏尔来说，《资本论》的这部分未出版章节并不包含任何与马克思其他作品严重不吻合的新思想，它既未与价值—劳动理论，也未与有必要发展生产力的"法则"发生重大分歧。列斐伏尔在此忠于马克思的生产本位主义事实，这与 20 世纪的所有马克思主义一致[2]：他对生产本位主义和军国主义化进行的批判，在 1968 年过后捍卫工人自治时显得力

---

1 而这并非新问题，因为它已经被 1968 年革命派的若干不同派别理论化了，当中就包括情境主义者（situationnistes）。然而该问题却使他们封闭起来，使他们把"商品世界"简化为"景观"（le spectacle）之下普世化的商人关系。这样一来，他们就忽视了社会资本化的中心运作者：试图成为人类一般活动的价值的运动。

2 波尔迪加除外——他对 1917 年至 1921 年的工人理事会自治实践进行了强烈批判，并断言："社会主义只涉及与资本主义企业进行协商，不涉及以工人的名义进行夺取。"（ Prometeo, 1ʳᵉ série, 1924 ）亦可参考 Amedeo Bordiga, *Espèce humaine et croute terrestre*, Payot, 1978。

不从心（原书第 136 页）。然而，在 1970 年代，正是工人自治成了消除旧集体劳动力的试验田，它使生产劳动在资本流通的整个过程中变得越来越不重要。列斐伏尔并未预见一种大量取消人力生产劳动却不减少利润的资本主义即将到来，抑或在这种资本主义下，生产的人工活动不再必然涉及人与外部自然界的关系，在这个世界中，资本的物质共享 [1] 几乎会成为人之为人的"第二本性" [2]。

像马克思一样，列斐伏尔并未对生产的源头进行分析。马克思对生产与劳动的理解仅仅在于，此二者构成了人类不变的活动。然而澄清它们源头的努力，对于理解如今人类活动的主要危机——深刻的虚无主义——很有必要。我们可以进一步说，生产源自人类群体与自然界相分离。生产是一种造成改变的活动，是一个媒介，它划定人类活动的领域，使人类能够在该领域中有序地劳动。农业是人类社会的第一类生产。该生产活动的出现造成了一系列占用土地的活动：人类群体在土地上安家，目的是进行耕种、"开垦"、"使土地有所产出"。生产因此是自然过程的一项替代品，正如卡马特（Camatte）以如下方式阐明的那样："生产之所以产生，是因为出现了必须进行更

1　参考 Jacques Camatte, *Capital et Gemeinwesen. Le 6ᵉ chapitre inédit du Capital et l'œuvre économique de Marx*, Spartacus, 1978。

2　关于此类资本主义的当代发展的解读与辩论，参考以下两篇文章：Jacques Wajnsztejn, « Quelques précisions sur le système de reproduction capitaliste » et Jacques Guigou, « Trois couplets sur le parachèvement du capital », *Temps critiques*, nᵒ. 8, 1999。

大干预的现实转变，出现了自发进行的自然过程的替代品。劳动正是这项旨在进行生产的活动。在农业出现之前，劳动并不存在，因为狩猎与采集并不导致普遍化转变。"[1] 在此基础上必须加上一点，那就是劳动正是作为生产活动者出现的，它本身就带有矛盾的性质，因为它会创造劳动者—生产者阶级，而该阶级自身的劳动成果会被剥夺（劳动剥削），该阶级会被生产资料的所有者支配。

列斐伏尔是否怀疑自己分析的一致性？至少人们发现他确实有所顾忌，这才面对今天已经非常明显的矛盾进行自我质问。一方面坚持批判生产本位主义与工人阶级至上主义，另一方面却要保留马克思主义关于生产力发展的信条，那就是宣扬生产力在技术活动、文化活动、智性活动和城市中的最大程度扩张[2]，而他进一步解释说，这是为了"在新的（工业与城市）基础上，把社会重建为社会"（原书第 171 页）。然而我们已经见识到，该信条后来成为"反失业斗争"，再成为"可持续

---

1 Revue *Invariance*, 1987, série VI, n°. 3, p. 21.

2 列斐伏尔已经非常接近某些 1960 年代由意大利革命团体倡导的"工人至上主义"（opéraïsme）的论题了，尽管他本人好像并未意识到这一点。这些意大利团体包括《红色手册》小组（Quaderni rossi）、《工人阶级》小组（Classe operaia）、《工人力量》小组（Petere operaio）、《继续斗争》小组（Lotta continua），它们都是自治运动（Autonomia）的不同流派。它们的主张建立在福特主义之上，强调"社会工人"与主体能力的重要性，要求将他们从其单一劳动力的任务中解放出来（参考 Tronti, *Ouvriers et capital*, 1977），从而确认了阶级斗争的政治议题："解放被剥削劳动力"（奈格里语），要求获得"政治薪资"。从这些列斐伏尔式的"自治主义"（autonomisme）中，我们难道看不出列斐伏尔在 1980 年代末期的公民至上主义（citoyennisme）的痕迹吗？

发展"，如何用其震耳欲聋的喧嚣掩盖无限资本社会的真相，而这对列斐伏尔来说并不意外。他的理论的彻底性与其历史内容（工人自治、"文化革命"与城市）的微不足道性之间裂开了一条鸿沟，在阅读本书最后几章内容时我们会发现，这样的断裂还将不断扩大。

危机并不孕育革命

列斐伏尔的确感受到了"五月风暴"传达的生态学维度，也意识到在启蒙运动与西方理性的影响下，被马克思定位于现代性中心的"自然的主宰"有可能导致"自然，至少是地球自然的毁灭"（原书第 115 页）。面对"普遍危机"（原书第 115 页）的可能性，他忧心忡忡，并言明"这不再是人们已经了解其后果的经典经济危机，即 1929 年至 1933 年生产过剩所致的危机。即将到来的会是生产关系再生产的危机，首先就是中心与中心性的衰退"（原书第 115 页）。

本书成书于 1974 年"危机"的经济方面滥觞之前，是政治经济学批判理论世界的一部分，还处于阶级斗争的历史周期当中，不过它也为我们展现了 1960 年代由世界性革命运动开启的时代，那个涉及"不劳动的价值"与非劳动阶级的价值的时代。该时代将会见证资本主义是如何消除生产劳动与非生产劳动之间的旧式区分，而将几乎一切人类活动都变成生产活动的（失业、不稳定的动作、"灵活性"、实习、虚拟劳动，等等），结果便是劳动价值的客观维度也被消除。这样一来，资本成功地从自己剥削劳动力（马克思所谓作为价值—劳动之基础的活劳动）的身份中解脱出来，并试着消除人类的生产劳动（尚未完全实现）。对资本而言，所有活动都成了"创造价值"的契机，也就是说，价值实现了自我创造，在金融的形式下尤其如此。本书并未采用上述词语来形容这种转变，它用的是"形而上的"语言，却同样呈现出这一渐渐获得力量的过程。书中多次提到，生产本质上已经不再只是通过剥削劳动力而转变自然资源了，它本身也成了社会关系的生产。尽管如此，列斐伏尔也没能（不愿）指出这一生产过程的真正运作者，那就是整个社会。一切人类活动都以实现价值化为目的，也就是都要具备某种"创造价值"的形式。资本使得旧式的人类生产劳动在整个"价值化"过程中变得越来越不重要 [1]，因此，资本成功地将生产社会化，而且这样的"变革"并不如马克思所料，它不是由解放了并联合起来的生产者阶级造就的历史伟业。列斐伏尔没法明确提出这一点，因为在 1971 年，他尚未察觉资本主义吞噬一切的前兆（我们还处于"充分就业"与福利国家之下），而且更重要的是，他依旧拥护马克思列宁主义及其预设

---

[1] 对此现实更加深入的分析与批判，可阅读 J. Guigou et J. Wajnsztejn (dir.), *La Valeur sans le travail*, L'Harmattan, coll. *Temps critiques*, 1999。

的客观主义：生产关系（包括生产关系的再生产）与生产力发展之间的矛盾将会给资本主义带来最后的致命危机。而列斐伏尔的辩证法依据的是这样一个预测：资本主义系统将越来越难以对未来自身的存在条件进行再生产。历经三十余年的"危机"、地球渐毁和"灾害管理"并不违反上述预测，然而至关重要的一点除外：革命理论不应该再依据一成不变的、号召某个历史主体（无产阶级）迎击危机并完成必要的革命疏通任务的"无产阶级纲领"了。

与上述预测相伴的是某种政治直觉（共产社会主义者刚刚签署的"共同纲领"）：自认为是工人阶级继承者的那股力量将会"夺过资产阶级的增长接力棒"（原书第 117 页）。在诉诸（维持资产阶级与无产阶级敌对状态的）阶级主义抽象化这一点上——而且也是以它为前提，这能说明很多问题——三十来年的"危机社会管理"并非毫无依据。

阶级及其辩证法的失效

工人阶级不再具有革命性，而资本主义也不再是一种生产方式（原书第 57-59 页），而是资本主义社会关系的再生产系统，即便这样，倘若我们还是不愿放弃"革命方案"（原书第 98 页），那么是否存在一个革命的新历史主体呢？列斐伏尔应对这一核心政治问题的方式，是利用"平衡这两个极端的运动"

（原书第 72 页）[1] 的所有资源。一方面，他的社会学分析促使他确认工人阶级的统一性并不存在，这一碎片化的阶级已经被整合到消费社会当中去了（列斐伏尔认为这是"暂时形势"），而且该阶级拥护企业与保卫劳动设备的意识形态；另一方面，列斐伏尔仍旧断言，这一阶级仍然是"同质的阵营［……］它确实在抵抗"（原书第 95 页），也展现出"其不可渗透与不可简化的品质"（原书第 76 页）。在由资本主义再生产孕育却正在解体的社会关系面前，在越来越多原子化个体组成的大众不断加重的无产阶级化面前，工人阶级不接受"资产阶级社会"，然而它也只愿为最小限度的"革命性转变图景"站台（原书第 95 页）。对工人阶级如此这般的混合特性作出定论，列斐伏尔感到很不满意。他试图寻求可能的超越方法，也就是寻求一条与"社会主义过渡"完全不一样的"路线"。他赞同若干不同的潮流，它们以自主、工人自治和"解放被统治者与少数派"（妇女、儿童、移民、同性恋、外省人、工人，等等）的名义，为反抗"资产阶级社会、体制及其压迫性国家"那极权化的普世性而斗争。列斐伏尔自己也意识到工人阶级自治化

1　原书第 72 页阐释的涉及知识批判的辩证的"平衡"姿态，经常被列斐伏尔用在辩论中，以及他与自己的右派对手和左派对手展开的斗争中。从事这些活动的时候，逻辑学家列斐伏尔并不总是能够摆脱辩证法修辞的诱惑，哪怕是实现某种似乎在寻求政治妥协的辩证主义，也在所不惜。此处引用的内容有些叫人吃惊："一条理性野蛮与非理性野蛮之间的文明之路。"（原书第 72 页）然而话说回来，倘若不打破一切统治形式，革命的不连续性又将成就些什么？

即"自决"（原书第 115 页）的必要性，并肯定了它。然而正如众多自我归属于"解放"阵营的积极分子那样，他并未意识到这种针对资本主义再生产的"差异主义"断言，是不可能给激进政治带来任何前途的，因为它建立在如下基础上：企业为人人，人人成为企业（不管其活动属性是什么），这恰恰实现了资本主义向整个社会的普及化。

与《资本主义的幸存》同时代的利普（Lip）工人运动，独具代表性地展示了"自诩为联合起来的生产者的罢工人士"，想要超越捍卫自身无产阶级条件的不可能性，因为正是在同一时期，就连资本自身，都要为了保证其作为系统的（而不再是作为生产方式的）再生产而不得不大量消除人类生产劳动。这实在是历史上演的悲剧性花招："无产阶级的自决"成了资本主义的社会关系进行再生产的必要条件[1]。

在那个时代，这是部相当清醒的作品；它不再对"社会主义过渡"抱有幻想，因为我们已经证明，是资本主义本身使这样的过渡得以实现；这本书写在阶级斗争与资产阶级社会周期论的尾巴上，它同时也对由 1968 年所包含的可能性敞开了怀抱；这本书，正如很多其他作品一样，自从面世那天起，就吸

---

[1] 针对这一矛盾，以及作为资本化社会运作者那更普遍的自治与自我诉求，读者可以阅读我们的作品 La Cité des ego, L'Impliqué, 1987, 以及 volume I de l'anthologie de la revue Temps critique, 这是我们与雅克·瓦因斯特因（Jacques Wajnsztejn）一起编写的作品合集：L'Individu et la communauté humaine, 1999, L'Harmattan。

引我们带着巨大的激情与狂热去阅读，激励我们将那个时代的斗争继续进行下去——因为当初的我们，就像如今许多人那样，一直试图找到某种不同于将生活资本主义化的可能性，进而造就历史。

雅克·吉古（Jacques Guigou）

2001 年 11 月 5 日于蒙彼利埃

资本主义的幸存

生产关系的再生产

（第 3 版）

La Survie du capitalisme

La reproduction des rapports de production

3ᵉ édition

导　论

1. 发现

生产关系的再生产，不管是作为概念还是作为现实，都不是被发现的：它是自我显现的。不论是探索知识的冒险家，还是着眼事实的记录员，在踏足这片"大陆"之前，没人能预见其形貌。假如这片"大陆"存在，它将如同平地自波涛中升起，与汪洋和迷雾同在。这片"大陆"隐喻着什么？它无疑是作为一种生产方式的资本主义，尽管是一个整体，却从来不成系统，从未彻底完结，因而始终处在自我实现之中。

系统阐释这种自我显现的工作量不小，它需要汇集一整个如繁星般冗杂的概念系统，其中每个概念又转化成一连串彼此相近的词语：日常—城市—重复和差异—战略—空间和空间的生产，等等。

这种自我显现的再生产，首先为进行理论假设提供了可能，随之而来的则是不厌其详的研究工作。[1]

1　在此感谢伊夫·巴雷尔（Yves Barel）在其作品《社会再生产》（*La Reproduction sociale*, ronéotypé, IREP, Grenoble, 1972）中重新引入再生产这个概念的良好愿望，尽管事与愿违，也就是说，在他看来，这个概念是一个自发复制、再生其所需条件和元素的系统。需要加以说明的是，在我们所探讨的"现代性"产生的这一时期，有一种双重的恐怖主义，那就是结构功能主义的右倾和左派的无政府主义，它们给对这个概念进行本土化（转下页）

2. 追溯过去和展望未来的结果

　　如果这样的理论假设得到证实，也就是说，"生产的社会关系的再生产"确实是一个概念（其真自证），那它就不仅仅是指明方向的传送带，或描述"现实"并对其进行批判性分析的智能工具。它在超越传统意义的"概括"和"系统"之上，有着更为普遍的含义。它处于中心地位，它出自那些要么在哲学界、要么在科学分类学科中被频繁接纳的术语，并取而代之："主体"（个体的或集体的，笛卡尔主义的或非笛卡尔主义的），其危机则转向他方；"客体"，事物和符号；结构和功能，等等。这个概念一旦确定，它就不指向任何实质（自然性、历史性、事件性、无意识性、自发性），也不是任何同样晦涩的对实质的比喻（流动、聚合、链条），它的定义也不是机制明确的（部署、机械、反馈，等等）。它指向一个复杂的过程，该过程带动所有的矛盾，却不重演或复制矛盾，而是转移矛盾、改变矛盾、增强矛盾。人们如今一旦放弃这片领域，就不得不诉诸流动和聚合之类的比喻了。

（接上页）分析造成了困难。

　　这两派自我感觉良好，都认为自己的理论是充分且必要的。他们中的一些为普世知识站台，另一些则支持个体体验。他们试图维持这种既成想法和生活体验之间灾难性的分裂。要克服这种分裂，任重而道远。一旦概念和它赖以成为具体之抽象（abstraction concrète）的内容相分离，它就能被随意操纵，代表任何人想要它表示的东西。这样的意义转折发生在诸如"工作""劳动""生产"这样的术语上，它们的抽象化使其在（具体）内容上失去了意义。时至今日，理论思想不再需要为自己开辟一条用来反对实证派或违拗派的恐怖主义道路了，它自己已然成为一味的庸词和妄论。

这个概念的含义并非因此就没有限制，或者涵盖了方方面面。它是普世的，因此在某个特定的时期继往又开来，照亮的是前方和后方的路。因此对该概念的阐释并不是孤立的，正相反，它应该是一个持续的发现过程，连接此前此后，被言说出来，被造就出来。

因此这样的发现改变的是前景，却不完全否定往昔，而是将过去的一切重新考量（包括我们将会讨论的社会"停滞"、"新好古主义"、不变革生产关系就指望得到的"新社会"）。那些唯意志论者和"革命的"主观主义者曾夸张声明的"旧世界"行将就木的说法（"旧世界"之所以延续，只是由于人类的愚蠢），以及一旦社会各要素达到平衡状态就可以实现永久和谐的预言，也要因为这样的发现而画上句号。

工作的重心变了。最主要的任务不再是对生产的某一方面的过程作出描述——比如，生物再生产（"繁衍"后代和人口学）、物质生产（对数量性和相关性的评估，劳动的技能和组织方式）、消费及消费模式（需求、物品、推销和符号、多手段操控）——而是对生产关系进行深入分析。要从马克思的主张出发理解生产关系，它不仅仅是商品和货币（二者是资本的条件，又被资本带入整个世界），也不仅仅是工资和利润（剩余价值），而是三位一体构建起的资本主义社会的**"土地—劳动—资本"**，以及它们之间的关系。认为这种社会关系的再生产曾经是且依旧是"正常的"或"自然的"，这是长期以来的幻觉，这种幻觉实际上阻碍了再生产的过程，用其成分和条件——生物的、经济的、社会的——替代了该过程本身。这些再生产的层次是泾渭分明的，同时又是自我隐藏的。错误的理论和方法把它们与作为一种普遍概念的再生产混淆起来。而维持这种构成关系，难道不是全社会——尤其是那个能够自我认知和自我控制的社会——一直以来为自己设定的目标吗？这是某些不惜将"社会"拟人化的"社会学家"作出的决断。事实上，他们创造的是国家，作为主体的超意志国家有能力维持作为自身的各种条件。即便在"马克思主义者"当中，这都是公认的意识形态；尽管为自己贴上了"辩证法"的标签，但他们还是在自己所谓的唯物主义或诡辩中"无意识地"赋予了社会关系一种惰性，从而使它更接近于事物。这类意识形态常常与另一类意识形态伴生：迫近的毁灭、将临的终结、危机、倾覆！正是出于这样的分析，或者说由于分析的缺乏，社会关系的再生产从来就是未被察觉和不被理解的。为什么资本主义可以不知不觉地自我更新？那些震惊于此的人最先得到的结论也是令人震惊的：由于人类的愚蠢、荒唐、一种普遍的狂热、纯粹的暴力。

生产关系及其再生产的问题，并不与马克思所说的生产资料（劳动力、工具）或再生产的扩大（生产带来的增长）相重合。诚然，对于马克思来说，如果没有社会关系的再生产，生产资料的再生产和物质生产的持续都将无法进行，正如没有日常行为的重复，生活就无法继续那样，它们是由周期性和线性相结合，进而同时演进的过程中不可割裂的若干方面，具体说来就是一连串的因果联系（线性的），以及引起它自身原因的结果（循环的）。这样来看，商品之间以货币为中介的交换就是线性的连接。马克思认为，等量的可用货币可以产生与之对应的等量商品；这就建立了一个循环，一个市场的周期循环。社会关系的再生产，作为再生产的最后一方面，在19世纪末期才逐渐取代生产资料的再生产，成为新的问题领域——直到最近才得以出版的《资本论》的那一章[1]就是明证。

从这时开始，生产方式就占有了历史，主宰其结局，并把自身融入那些远在资本主义产生之前就存在的"子系统"（例如，交换——商品交换和思想交换的网络——农业网络、城市和乡村的网络、知识网络、科学及其机构的网络、法律网络、财政网络、司法网络，等等）。然而生产方式自身却并没有建立起一个严密的系统，它的内部充满矛盾。要是有人完全寄希望于该系统的话，那他就大错特错了，因为该系统并不完整。纵使如此，它从某种程度上来讲还是一个"整体"，吸收了自身的历史条件和要素，控制了些许矛盾。但它从不具有人们想要寻找的连贯性和一致性。

是什么赋予了这个自我再生的生产方式那样奇妙的特性？

1　指1970年才在巴黎面世的《〈资本论〉未出版章节》，详见本书前言和第I章的第一条注释。——译注

是尽管迥异却形成一体的各个部分，是众多子系统在这个整体之中的碰撞，是聚合又分散的不同层面，是连接、冲突、一致与矛盾、战术与战略、失败与成功，等等。

5　**3. 在新的根基之上……**

在此展示的发现并非与过往脱节，它只是换了个方向，对曾经讨论过和整体实践过的一切进行再概括和再思考。然而它引入的内容——比起在科学语境内——在政治语境内更是相对不连贯、不规则的。

这一发现并不只对围绕它本身展开的探索和试验工作产生反应，它还影响到对马克思主义和马克思本人思想的理解。时至今日，这种思想是否应该被认作一个整块？还是说索性完全抛弃它？二者皆否。马克思的批判性分析依旧适用于竞争性资本主义。不管是马克思还是他的继承人列宁或托洛茨基，都没有清晰地说明：为什么即便竞争性资本主义能够终结，然而其本质的构成关系却不能够？马克思的继承者们宣布资本主义注定完结，好像这是个不容置疑的事实，是最后的灾难，却没有人明白该过程究竟怎样。

马克思主义思想（或被认为是马克思主义的思想）在很多方面其实都可以展开另一种解读。对生产关系的再生产进行分析这一努力，会终结让很多人狂热的积极性，也会终结对另一些人来说在这一领域占据优先地位的"对批判性批判的批判"。

　　排查工作是必不可少的。要对理念、意识形态、表现形式和图像进行筛选，从而发现它们如何得以成为重新构成现存关系的一部分——它们要么刺激这种再生产，要么将其掩盖。这样的筛选不能遗漏一丝一毫，甚至所谓的"批判理论"也不可放过，例如，结构功能主义、精神分析、超现实主义。甚至连马克思主义思想本身也不可放过！并不是说要否认马克思主义思想在此扮演的重要角色——尽管它的角色有时可能是无意为之的，要么起到刺激的作用，要么被他人利用。然而它的重要性不在理论层面，尽管它的理论看起来根本不可简化。这个重要角色的目的在于实践层面，在于激励国家对社会进行规划和操纵。

　　这些如此令人熟悉的术语——回收、整合、抑制——到底意味着什么？这些术语和意识形态问题相关联吗？在如今的马克思主义阵营里（包括政治的和哲学的），有一种把众多罪行归咎于"意识形态压迫"和意识形态机制的趋势。但是我们不能完全确定这种"压迫"真的存在。意识形态通过使人信服来运作，对国家镇压机制进行完善。资本主义国家政权对意识形态的颂扬与其说能令自己屹立不倒，不如说更使自己丧失威信。它从未说服任何人：成功的证明方式对自身而言是间接的、隐身的、模糊的。这会给意识形态的批判分析带来根本性改变。一方面，意识形态和它的实践关系通过精确的"功能"来定义；

6

而另一方面，该意识形态及其有效性很快就会显现其局限。没有也不可能有简单的意识形态再生产，也就没有关于意识形态压迫的必然推论。没有某些社会关系的生产，就没有其再生产；没有纯粹的重复生产过程。

被如是称呼和如是理解的意识形态（哲学、宗教、伦理学或美学、"文化"、道德和道德观念），其作用大概更多体现在娱乐性上，而非工具性上。它们仅仅是谈话内容！真正产生作用的意识形态，从前是且现在依旧是和一种实践直接联系起来的。关于意识形态的概念已经被扩大到超出度量的地步，这已经使其成为不毛之地了。意识形态与认识的关系是经受过检验的，然而意识形态与实践的关系却被忽视了。真正有效的意识形态是几乎无法与现实区分开来的：它们并未在清晰的意识形态层面表达出来，它们看上去并不像意识形态。诸如科学性、实证论、结构主义之类的意识形态，不可能与大量科学进入生产这一事实完全区分开。这些意识形态与某种实践行动密切关联，通过隐藏而把这种实践包含于自身，通过掩盖其对立面而将这种实践曲解。任何针对这些意识形态的分析都需要诉诸一个批判性分析的范式。在此情形下，让我们将马克思理论中的**"土地—劳动—资本"**的资本主义认作一个枢轴般的固定点。现存社会的这三项元素在生产和社会关系中牢不可破，然而"意识形态"却使它们看上去彼此独立，甚至造成三者之间（明显的）彼此分离。**土地**与**劳动**及劳动者分离，如此一来，**土地**也就与

资本及资本家分离。然而在造成这种显著分离的同时，意识形 7
态又通过正式法典（《民法典》）混淆三者的契约形态。国民
生产总值这种东西把土地、劳动和资本产生的收益混合在一起，
剩余价值因此消失了，而它其实是那种"国民收入"的来源。
后者其实是一个多面向的意识形态，几乎没法将它与社会实践
区分开来，因为"契约系统"，和其余子系统一样，是该意识
形态的一部分。

4. 重拾辩证法

对已经自我显现出来的"大陆"进行探索，目的是什么？
那就是找到一个不可回溯亦不可归咎的点[1]，它无法诉诸个人
或群体处境，而只对全社会整体适用。这意味着全球范围的适
用，不因分析达到这一层面可能遇到的困难而转移。这是个严
峻的时刻，因为它不取决于历史思想或"历史感知"，也不取
决于关乎（经济—政治的）最终危机的经典理论。这是生产关
系的非生产时刻——在这一刻，要么生产关系的消解会压制其
再生，要么新的社会关系会被生产出来，取代过时的生产关系。
请注意，在这里，意识形态是如何通过掩盖各种矛盾和关键时
机来掩盖新关系的生产的，就像它掩盖旧关系的再生那样。如

---

1 原文作 "un point de non-retour, de non-recours"，前者强调时空上的追溯与回归，后者
强调逻辑上的依据。——译注

果生产关系的再生产受到阻碍，那么，污染与否，破坏和保护环境，零增长、负增长或正增长，所有这些问题便都无法超越有限的、话题式的一时兴起。被某些"因子"阻碍？不。被这些因子的互动及其整体阻碍？有可能！资本主义的变形或自我毁灭？它们并不互相排斥。现存关系的再生过程、它们将自身子系统的各个元件重塑为一个整体、消灭差异和规避闪失的能力，这些很有可能不会永久持续。因此，设想一个无法挽回的时刻才有永久的真理价值。这是科学的方法：可能性也是现实的一部分。

因此，这样的规划是一项战略性假设。这一假设的反面也成立，以问题的形式成立：怎样（无限期地）让现存关系重生，也就是说，重建、重塑、重新整合？不可回溯亦不可归咎的点是否存在？答案是既肯定又否定的。肯定，是因为其偶然性。否定，是因为在此"历史"瞬间，这是带有决定论意味的答案。否定，是因为其后天性的确定性。肯定，是因为其可能性。如果一切都处在变动与对立之中，那就没有什么既定的答案了，只有矛盾的对立（对抗）。一切都面临危机，然而批判的大众又将从何处来、如何而来？中断一切的作用又将从何处来、如何而来？这是个疑问。是否只要有星星之火，就能燃烧世界？革命者们曾如是相信，如今依然相信。然而通通白费！显然，地区性冲突不可能转变为普遍性问题——因为我们害怕冲突变得普遍！但若是想要改变点什么，首先难道不该改变一切？也就是说，首先连"一切"本身都改变？当然如此。但是怎样做到改变一切，又不从改变一部分开始，不从逐步改变每件事的一点一滴开始，不从改变每个"存在"开始，不从改变每个"人"开始？那又该如何定义那个让变革有机可乘的弱点呢？如何定义那个我们可以展开猛攻的地方？

让辩证法回到日程上来。但它已经不再是马克思或黑格尔的辩证法了。不管马克思和黑格尔都发表过些怎样的见解，尤其是就辩证法一事，他们又都说了些什么，重要的是把握当下的运动与非运动，把握运动者与不运动者的互相碰撞。难道不是在历经艰辛之后，辩证法才得以经受住考验，变得更为强大吗？对真理来说也是如此，对它的求索之艰辛则是辩证法造成的。换一种更好的方式说，辩证法疏远的真理很少，它带来的真理则多得多。疏远**真**的辩证法也少，回到辩证法上的**真**则多得多。

如今，辩证法不再与历史性、历史时刻联系在一起，也不再与暂时性的机制或活力（"正—反—合"或"肯定—否定—否定之否定"）相关联。

当下，分析将透过表象，对以下内容予以识别：

1) 在生产力提升，也就是通常说的经济增长的过程中维持社会关系（生产和占有）的本质；

2) 倒退、衰落、入侵（主要体现在"文化"层面，但也体现在家庭关系和朋友关系层面，以及特定群体的社会经济生活层面）；

3) 新关系的生产（在特定群体当中：青年、女性、"劳动者"；但也在应用再生产过程的一切内部：日常生活、城市、空间）。

对生产方式的连贯性有所追求，不排除对其进行拆解或转变。资本主义在转变自身的同时也拆解了自身，即便这一过程的目的是实现它自身。而入侵行动就是显影分析仪，资本主义实现其目的的过程，在入侵的作用下，才展现出它那矛盾重重的辩证全貌。

这些层面，也就是在我们所应用的战略性假设的视野下被评估为"积极的"和"消极的"层面，彼此相互影响。把它们放在一起，就证明了某一刻无法挽回的那个假设（资本主义的变形和 / 或自我毁灭）。

如果现在的分析试图深入把握辩证运动，那么以下就是我们的发现：

1) 自然变得问题重重。对于马克思来说，人对物质自然的主宰是与对自然的适应牢牢联系在一起的。这种适应与私产（特别是对土地、大地、自然的占有）并不相容，它依照"人"的欲望和需求，将自然物质——包括人自己的自然：身体、需求、欲望——转变为人类的现实。这是种乐观的设想，是 19 世纪的工业理性主义式的表述，但在 20 世纪后半段已不适用。基于"人"之于物质自然有强大作用的整体实践（praxis）方案，包括对技术的掌握和对美与伦理的应用，在实践的无力与哲学的解读下宣告失效。因此，整体**实践**如今不受待见，实在是相当可惜！被如此摧毁的自然需要重建，也已然通过另一种规划，在另一层面上重建起来，这就是第二自然：市区和城市。让我们牢记：对于城市自身来说，再没有比城市化更坏的敌人了，它是国家和资本主义的战略工具，利用城市破碎的现实，控制空间生产。市区既是反自然或非自然，同时也是第二自然，它宣告未来世界将会是个普遍化了的大城市。自然，作为一切外在特殊性的总和，被驱逐出城市空间，然后死亡。自然让位给生产出来的空间：城市。它被定义为人群聚集和相遇的地方，在那里，一切社会性的存在同时（集中）发生。战略性假设的一个方面：这种第二自然性及对它的改造是有可能崩溃的；

2) 与之类似的冲突强烈的运动，通过分离和简化的过程，也发生在从无差别到有差别的社会整体现实上。同理，也有从劳动到不劳动的运动。自然就不劳动，它只创造，它在逐渐成熟的胚胎中孕育"存在"，而在自然中生与死、欢乐与痛苦之间也只有微不可见的差别。意识将关注点落在萌芽和成熟的过程之中，以及它们的反面——衰老和死亡之上；哲学则将这些东西命名为"存在的"（existentielles）。然而，在这里，自然再次变得模糊，直至消失。是劳动改变了作为创造过程的自然。正是在对自然的谋杀中，生与死、欢乐与痛苦的区别才显现出来。生产劳动作用于**自然**（Physis）之中和**自然**之上，其本身除了物质力量的消耗，并没有什么是自然的 [1]。专门化和社会化后的生产劳动用任务和苦工替代了自然的欢愉，用产品替代了作品（œuvre）。就在此刻，从劳动之中诞生了不劳动的可能性：自动设备从事生产，人的努力不参与其中。这的确是一种第二自然，城市和市区也在预示这种第二自然：自动化。这是原初自然灾难性毁灭的结果。城市是通往可能的一个工具。作品再次有了新的意义，它成了不劳动的作品，较之劳动的艰辛，欢愉和欲望的满足占据了上风。然而这种修辞相当危险，因为，事实上，还有那么多困难有待克服，还有那么多矛盾需要解决！不劳动并不像马克思认为的那样，在历史终结、在无产阶级革命结束的时候才发生。它已经横陈于此，仿佛大势所趋。今日形势中最令人吃惊之处难道不正在于此吗？不劳动就在眼前，这一代表了伟大自由的不劳动，并没有出现在劳动和劳动者的"祖国"（也就是所谓的社会主义社会），而是在最发

11

---

1 "force physique"（物质力量）中的"physique"对应词根相同的"physis"（自然）。此处一语双关。——译注

达的资本主义和帝国主义工业社会（也就是美国）宣告
诞生——就在所有反对势力当中！

在现代社会所历经的种种检验中，总有自然与反自然的对
抗、劳动与不劳动的对抗，以及通过特殊性和事物的混乱，从（单
一的、原始的、无差别的）生活体验达到（普世的、被认知和
被认可的）体验的运动。如此相互交织的运动，若不称其为"辩
证的"，又能叫什么呢？

对此，逻辑要求得到比在黑格尔和马克思那里所得到的更
加重要的地位。因为此二人都试图将逻辑融于他们自己的辩证
法当中，从此以后，逻辑就失掉了连贯性和内在调节能力。这
就是形式**逻辑**和将形式**逻辑**应用于既定内容的问题所在。战
略——表现为这样那样的逻辑：社会的逻辑、事物的逻辑、商
贸的逻辑、经济增长的逻辑，等等——就是如此应用逻辑形式
的结果。

逻辑和辩证法之间的关系会产生问题。人们往往还没先定
义一个对象，就干净利落地跳到泛逻辑主义或泛辩证法上。差
异的概念就存在于逻辑和辩证法之间，纵使表象刚好与此相
反。[1] 如今要消解这样的逻辑或辩证法均成了不可能的事。它
们彼此就如同理论和实践、知识和意识形态一样不可分离。就

1　参考 *Logique formelle, logique dialectique,* 1ʳᵉ édition 1947，réédition Anthropos, 1969，以及 *Le Manifeste différentialiste,* Gallimard, collection Idées, 1970。

拿社会空间举例来说，社会空间是生产关系进行再生产的地方（生产关系的再生产与生产资料的再生产相互叠加，因此，它同时是规划（国土规划）的场所和手段，依照经济增长的逻辑进行。资本主义的社会实践既意味着也包含着知识、逻辑（找出关联性），这是个关于连贯性的意识形态，从大局层面看也包含着矛盾。

　　这里出现的新的矛盾：辩证法不再被时效性束缚。因此，就算驳斥历史唯物主义和黑格尔及其后的历史观，也无从批判辩证法。

　　要认识空间——它是如何产生的、在那里发生了什么、它有何效用——就要重拾辩证法，因为分析的方法能够察觉并揭示空间的矛盾。数学家和认识论的抽象空间将揭示逻辑本身。从思想空间到社会空间的过渡本就意味着辩证的运动，然后又到了对社会空间进行分析的时间。没有什么能够中断这样的过渡，没有什么能够使它成为不可能，因为统一本身包含了差异。至于对社会空间进行的分析，它体现了彼此产生冲突的逻辑严密性（战略和战术、"子系统"）。例如，特定的矛盾包括中心与外围的矛盾，这类矛盾出现在政治经济学、政治学、城市现实理论、对所有思维过程和社会过程进行的分析当中。国家资本主义和国家本身都需要"城市"来作为中心（决策中心，但同时也是财富中心、信息中心、空间管理中心）。与此同时，它们又让作为造就了历史的政治中心的"城市"化为灰烬，消失无踪。中心性在它孕育的空间中，也就是在那个包含现存关系的生产与再生产的空间中坍塌。

这一中心与外围的关系不是在一段历史时间中"辩证地"产生的，而是逻辑地和战略地产生的。中心组织它周边的区域，设置外围并为它们划分等级。占有中心并掌握权力的人依据有效的知识与原则进行统治。这种"中心—外围"的关系是从以往的阶级斗争或人民斗争中间接产生的，发源于那些看上去原本就是理性的、严密的设置。这样的空间关系就变成了辩证的（冲突的）。中心性有其自身的辩证运动，或者毋宁说，作为社会与思想空间的"占有者"，中心性"是"辩证的。中心包含并吸引那些使其成为中心的元素（商品、资本、信息，等等），但这些元素很快就会达到饱和而溢出中心圈。中心排斥那些它所主宰的元素（"被统治者""主体"和"客体"），这些元素对中心构成威胁。

这是关于空间的科学？并不是。这是关于空间生产的认识（理论）。二者的关系对应了逻辑和辩证法的泾渭分明。空间的科学（数学、物理学，等等）使逻辑兴盛，恢复了整体性和严密性、系统性和协调性的理论。对生产过程的认识——该过程产生了最广义的产品，也就是空间的社会存在——复兴的则是辩证的思想，因为辩证的思想把握了空间的矛盾。此处，逻辑和辩证法的结合再一次产生问题。这个问题处于足够高的水平，差异的概念在这一水平上形成。在社会空间（城市）中，

13

每个中心点周围都有一个近处的秩序，也就是邻里的秩序；另一方面，也有一个远处的秩序，也就是全社会的秩序（生产关系和国务关系）。不管这个中心点是大是小，是持久的还是临时的，情况都是如此。差异就存在于这些层级当中。每一层都为自己考虑，建立一个按自己的希望所寻求的秩序。然而这些秩序当中冲突重重。远处的秩序只有在不通过消解差异性和差异体来干涉近处的秩序的情况下才是抽象的。当普遍层面上的（社会）关系生产和再生产的远处秩序粗暴侵犯近处关系（邻里、市郊自然环境、街区、"地方社团"，等等）时，这种矛盾就变得格外具体了。

近来，问题和概念从空间的矛盾中频频涌出，关涉"环境"、公害、资源枯竭和自然破坏，但通通只涉及不完整的图景，通通只是碎片化的展示，缺乏对整体性问题的把握，也就是整个空间及其生产和管理。

"中心—外围"这一彼此冲突的关系纵使十分重要，却不是仅有的冲突，甚至不是最根本的冲突。它从属于更深一层的冲突关系，也就是空间的碎片化（首先是实践层面的碎片化，因为空间自身变成了可以细分到一块一块进行买卖的商品；同时也是理论层面的碎片化，空间由专门化了的科学切割开来）同普遍生产力与普遍科学认知能力之间的矛盾。后两者能在整个地球上乃至整个星际之间进行空间的生产。

正是在这一辩证的（冲突的）空间内，进行着生产关系的再生产。也正是这一空间，由再生产产出，也由再生产往里面加入多种多样历史时间中已然来临或尚未来临的矛盾。通过一个浩大的过程，资本主义把持了历史上的城市，将其变成碎片，再创造出一个社会空间，并将其占据。资本主义的物质基础依旧是企业，以及企业里劳动的技术分工。其结果就是矛盾的大规模转移，需要通过详细的比较来分析。 14

5. 已解决和未解决的矛盾

有一个方法论上的（也是认识论上的）冲突一直萦绕在无概念的生活体验和无生活的概念之间。（生产的社会关系的）再生产的概念解决并克服了这一矛盾。这一概念澄清的是人们——包括哲学家和科学家——在不适之下如何生活。这种不适滋养着阴郁的感觉，在这种感觉中不存在意识。

就算在各种党派当中，也不乏一些有着无概念的生活体验与无生活体验的概念的人，他们根据理论—实践的情形，把意识的碎片割裂开来。这是种意识形态吗？算是吧，不过这就像那些最活跃的意识形态一样，并非其所称之所是。一些人——极左分子、自发主义者、无政府主义者——拒斥理论思想，宣称他们反对一切意识形态。另一些人——结构主义者、科学家——则被认识论、纯粹知识和所谓的"实践—理论"捆住了手脚，因而不愿俯就生活体验本身，觉得这么做只是公共空间中一种微不足道的事务罢了。

这些不屑一顾者都获得了一定的成功作为回报。这种单向性简化了意识和知识，也简化了项目和途径。一些人逃避思想，另一些人逃避体验。两种方式都为他们提供了庇护所，使他们免于遭受变迁的烦忧。这些态度，用讽刺点的话说，是很方便再生产的。反智的东西即刻就能进行自我仿造。至于"纯粹"知识，通过最不严谨的教学，都能代代相传、交流沟通。

确实，如今人们再也无法忽视他们身处其中的这个社会了。他们至少意识到了这个社会的边边角角和小花招，尽管他们还看不到剥削的确切机制和权力的手段。长期以来，人们一直知道有"大人物"和"小人物"，而且也知道大人物总是变得越来越大。这样的经验是否等同于关于剩余价值的(理论)知识？并不。不过，渐渐地，这样的知识就能从经验中渗透出来。初始的自发性一方面自我削弱，另一方面也在自我积累。这种自发性与"生活体验"的证明——那些剥削和政治权力的"生活体验"的证明——类似。这么说并不意味着这一概念就是徒劳，只是说该概念并不是由外界进入"生活体验"的，不像列宁在某个太过著名的提纲中明确指出的那样。理论概念与不确定的意识相遇。对于那个其自身并不确定的境遇来说，这一意识既是超前的，又是落后的。

生产和(社会关系的)再生产的概念解决了马克思思想中的一个矛盾，这个矛盾他自己当时都不可能注意到。马克思曾认为生产力持续不断同现存生产关系狭窄的界线和资本主义生产方式相碰撞，对他而言，革命就是要跳出这些界线；局部危机会发展成为全面危机；工人阶级迫不及待的时机已经快要到来，革命一结束，人们就会进入（从资本主义到共产主义的）转折时代。而且他还认为，资产阶级也有其自身的历史使命，那就是促进生产力发展；资本主义的局限是内在的；一种生产方式只有在把它所有的生产力发展到极致的时候才会消失。

《资本论》问世已经一个世纪了，资本主义看起来已经成功缓解了（乃至解决了）自身内部的矛盾，并在这个世纪取得长效的"增长"。代价呢？没有数据可以说明。它如何做到这一点？这我们倒是知道：占据空间，生产空间。

斗争力量在这个世纪也发生了变化。工人阶级并没有在"消极"中裹足不前，资产阶级也没有固化自身。资产阶级和无产阶级都进行了自我转变，国家亦是如此。至于生产关系，它们在再生产其本质要素也就是系统化关系的同时也发生了改变。让我们开始盘点这些转变。开展盘点工作所需的一切就是某些概念，包括这些关系进行再生产的概念本身，也包括它们内在的辩证属性。[1]

当（资本主义）社会实践进入再生产阶段，社会关系的再 16

1　革命是否已经完结？参考雅克·埃吕尔（Jacques Ellul）的《从革命到造反》（*De la révolution aux révoltes*, Calmann-Lévy, 1972）。再没什么比这更不确定的了。正相反，全面革命正在酝酿当中，而不仅仅是政治革命。

生产就在(资本主义)社会中展开，除不安之外，没有其他意识，而这种不安也随着经济增长而膨胀。在这一刻，参照系消失了，而就在不久之前，这种参照系还曾使语言的社会任务成为可能。理智是这种参照系的一部分，历史、城市、 (法国的)笛卡尔式理性、三维空间视野、自然循环等也是。然而从这一刻开始，再生产的社会实践成了"无意识的"，参照系从此坍塌，意义丧失的后果极为可怕。从集体层面来看，这比在个体层面上更加表现为"身份丧失"。而这种意义和身份的危机所触及的大概也不只是个体、词语和概念。它也触及一切族群、地域，或许乃至全人类和所有民族。除了自身之外，语言不再拥有其他参照系，修辞承担起了参照系的功能。我们进入了元语言的地盘，此类语言是广告语言、政治语言和胡言乱语。

某些术语(概念)丧失了意义和身份，这既是丧失价值，也是丧失自身。我们想想生产一词吧。马克思在详细说明这个概念的路上走得颇远，却未能达成目标。对马克思来说，这个概念依旧是含糊不清的，因为同一个词既可以表示广义的生产(生产作品，一整个社会)，也可以用于狭义的生产(生产东西，"产品")。马克思之后的一个世纪，"生产"一词丧失了所有特定的参照物，它可以用来表示任何类型的生产了：生产意义、符号、话语、意识形态、理论、文字、文学，甚至可以进行再度生产——"生产的生产"。这让人回想起哲学概念的种种冒险和自我堆叠：思想的思想、(自我)意识的意识、意志的意志，诸如此类。一个概念的内容愈发稀薄，愈发沉入抽象中不可自拔，它看上去也就愈发深刻（却已经不再是原本的那个概念了）。（例如，"欲念的生产"，除了生产和再生产的欲望，其实什么都没有生产出来！）

生产关系的再生产概念，给生产这一概念复原了确切的内容，为它提供了一个实际的参照系。它可以使人更好地理解"生产"概念是如何丧失意义与身份的，也许也可以帮助理解其他概念：劳动、欲望、实践，等等。

针对上述含糊又悲惨的情形的种种征兆，我们可以依赖一部分研究成果。当人们开始反思并试图预言"后技术"或"后工业"社会的制度时，从诊断学的意义上来说，这难道不是一种征兆？这样的例子不止一个。当青年工人和青年学生（直接来自中产阶级和社会领导阶层）对生产方式表示拒绝，他们的目标和行动缘由也是征兆。（关系的）再生产曙光微露。

可以这么说，征兆中最严重的那部分，就是批判思想反映的那些资本阶级社会的先天不足与不幸：青少年罪犯、疯癫者、不法分子、精神分裂者、妄诞者、各种"情结"（不管是不是俄狄浦斯式的），等等。这些征兆带来的问题和这些思想反映的缘由来自外围，却直指本质：关系的再生产。这些问题并不只由政治极左主义（把大众召唤进入政治存在的、受到政治化并实施政治化的各个党派）反映出来，也不只由这些左派政党的分裂反映出来。一种反政治的"极左主义"的存在也是征兆，即便这类左派思想会对此进行驳斥，因为他们不接受任何理论。在种种政治"机制"下和职业政客的滔滔不绝面前产生的不安感也是一种征兆。同样，那种关于政治机制、国家和"政治社会"（自认为比"市民社会"高级）有本事诉诸那些被否定了的生产关系并重新生产这些关系的（莫名）想法，也是一种征兆。这导致右派进行去政治化，在左派这边，政治也在消亡。

这就是青年知识分子心醉神迷，但步子迈得过大的地方。他们还有种混淆风尚和"文化"、混淆知识和非知识的倾向。对征兆的批判被误以为是普遍性思想，批判的批判被当成教条来践行。突然间，部分性的批判（对整个社会起决定作用的方面的批判）获得了过于重大的地位，甚至变成普遍适用的了。

18　　同样的幻觉也用在最抽象的批判上——对批判的批判进行批判——似乎这便能成就自由。近来有种通过把"欲望模式"和"现实世界"相对立从而区分这两个世界的趋势。这种趋势把那些承认现实的人说成是压迫者（压迫那些想要通过哲学修辞抵达抽象世界的人），就这样，承认现实的人反而成了"法西斯主义者"！而批判的批判开始全面高看自己的时刻，就是它离开理论思想的坚实土地的时刻。

这些意识形态冗余与对意识形态的否定如影随形，它们都应该被当成征兆来对待。这种（关系的）再生产构成了社会的中心过程和隐蔽过程，这样的社会否定一切群体——年轻人（儿童、少年、"青年")、妇女、"外国人"、"郊区居民"[1]、市郊居民——不管这些群体对社会有多大的建设性作用。因此，与经济增长相伴的是"个体社会化"困境的增长。这种社会的一个特定矛盾体现在驱逐（将整个群体向空间、思想和社会的外围驱逐）和融入（始终是象征性的、抽象的和"文化上的"）之间。这种矛盾并非立即可见，而是在逐渐解码。这样的（屈服于政治和经济条件的）族群倒错不可能不触发"自我意识"的不安，也不可能不被解读为某些惊人的意识形态。

含糊性变成了矛盾，概念从理论上就能阐明这些矛盾，而无须从实践上解决或消灭它们。保证生产力发展并维持生产关系的"因素"遮蔽了核心现象，就这样毁了社会生活，也损害了意识和行动。

比如，技术与缺乏限制的技术性带来技术官僚制和技术结构的迷思。根据这一既是意识形态又是实践的现代迷思，（也许）存在一个可以替代资本家和资产阶级的阶层、等级或阶级，他们是拥有技艺却对政治无感的专家或技师、企业管理者、生产或消费的组织人，到头来也是空间的管理人。既对也错。对的地方在于生产关系的再生产要求一定的效率。错的地方　19

1　原文作"banlieusards"。"banlieu"最初指巴黎市郊，也就是传统意义上的"巴黎二十区"以外的法兰西岛区域。它原先既可指富裕地区（例如，巴黎南郊的凡尔赛），也可指贫民区（例如，巴黎北郊的塞纳圣德尼）。然而从 1970 年代开始，这个词开始被用来指法国大城市周边的低收入安置区，这些市郊区域以连排集体住宅、贫困、治安欠佳、移民居多为特色。——译注

在于该群体想作为一个阶级去替代资产阶级。

"高速增长的人口"带来的影响也十分含糊。它看起来刺激了经济增长，使国内市场繁荣（对于那些大工业国来说），但它也将社会关系的再生产掩藏在生物性的人口再生产之下。人类的数量级增长威胁着人类自己。它倾向于在这个世界上用一个口号、一种必要性、一种命令式简化替代对生活的热望："生存至上！生存唯一！"在这里，实际的社会关系一点儿也不重要了，它们被深深埋葬、好好遮掩起来。

6. 从含糊性到冲突

在向核心也就是目前的中心发掘的时候，我们可以绘制一幅双面图景：一面是维持社会关系的指标、征兆、原因和缘由；另一面是社会关系动摇、分解、进化的指标、征兆、原因和缘由。

维持和支撑社会关系的指标之一是拿破仑的《民法典》长期存在（在法国和其他一些国家都是这样）。它纵然几经修订与完善，但依旧是规定私有土地所有权关系的系统法典，而且扩大到对金钱及资本关系进行规定。法典正式成文后的一个半世纪，即便经历了工业化，但其根基依旧不变。法典的修正案（例如，涉及妇女权益的那些）并未改变其本质。关于权利和契约关系的规定，一旦遇到动摇其根本的问题（例如，保持差异性的权利），就退缩了。因此，即便引入了劳动权利的内容，不管该内容如何新颖，也并未改变法典原有的形式。

权力结构毫无疑问落在中产阶级身上，也就是说，落在中产阶级的含糊性上。人们赋予中产阶级一种经济现实（既是生产的，也是消费的），也赋予他们一种政治幻境。中产阶级、技术人员、知识分子，他们实际上支撑着最根本的社会关系，却被认为躲开了这些关系。这一类个体寻求并试图导向一种精英生活，他们通过"文化"逃离社会关系之本，尽管正是他们的学识在为资本主义服务。这类个体的总和，作为一个"阶级"，正是资本主义生产关系的载体。中产阶级因此活在两个向度上，活在一种永久的二元—双重状态中。在一个层面，中产阶级个体审度、批判、有时也反抗乃至否定社会关系。在另一个层面，他们则接待敌人，为敌人服务：幻觉般的权力委托让他们有种自己在干别的事的错觉。这种几乎算得上双重性的二元性，概括了这个所谓中间的阶级和阶层。他们过着一种双重生活：既富有，又贫穷；既在此地，又在彼处；既在"系统"之内，又有不在场证明；干的是不讨喜的工作，又十分快活地留在现实与幻境交织的地方。在自然和文明的中途，在个人的品位和普遍的刻板印象之间，在"正常"和无规范或反常之间，诸如这样。

中产阶级带给我们一个含糊性如何演变成冲突（矛盾）的完整范例。缺乏（连贯性、特殊性）使中产阶级成了一个大杂烩，但这种缺乏并不妨碍中产阶级获得"正面"优势并且得分命中，也不妨碍资产阶级进行生产。生产什么？生产作品，生产意义！

这一主要由技术人员（小技工、普通技术人员、大工程师）、雇员、知识分子、所谓的自由行业人士构成的阶层和阶级，其任务不仅是获取并传播知识，而且是要将这一过程纳入生产和社会实践当中。如果认识（科学和技术）以如此的社会支援的存在为依托，那么认识就没法保证其自身能够完全掌控认识的社会过程，也就是认识对于生产的投入。可是这样的保证即便看上去有必要，但社会框架也让它变得不确定了。认识是社会的，而不仅仅是思维的，它也不可能在一个给自身提供存在条件的"正面"系统中进行再生产。不管制度做出多少努力，矛盾还是在那里：唯一的现实知识在"肯定的"认识与对它的"否定"（也就是批判思想）之间不存在阻碍。把普遍知识、基础研究、哲学、文学批评同技术知识（应用科学）作出严格区分的努力总是不太成功，因为这种区分使应用科学失去意义。它使"系统"上方萦绕着一分几乎是形而上的不安（哲学和宗教在此死灰复燃），并使其大为虚弱。领导阶层深知这一点：他们知道批判思想会转变为"批判的大众"。在这种疑惑之上，人们所需的条件就成熟了。这种条件使生产无法继续，以各种各样的方式激化冲突。

21

必须承认的是，"中产阶级"表现为一个大杂烩，在详尽的分析面前不堪一击，在有效的概念跟前就更是如此。人们可以通过对中产阶级普遍图景的空间化得出一些结论。中产阶级在社会空间中占据着中心和外围之间的地段或过渡空间，就像某种缝隙间的粘连组织。广义上讲，这造就了从思维（空间的抽象表现形式）过渡到社会（真实的空间——表现出来的空间）的理论和方法论难题。

关于含糊性和冲突之间的那片复杂过渡领域的论题进一步为社会空间的批判分析提供支持。已经显而易见的是，一种空间中的失序对应着基于劳动分工和工业组织引起的社会扩张而建立的秩序，这包括企业的扩张、合理性亦即技术的扩张。失序正是自秩序中诞生的，诞生于一种真实却有限的合理性。这种状态最终也能颠倒过来，空间也能成为组织秩序的特定原则。

那么，自然呢？在很长一段时间内，人们以为"人类"的一切都还保持在自然层面：家庭、民族、生活节奏，甚至思想和语言，都是自然的。后来，人们认为人类是"文化的"，以此将文化和自然对立起来。而人们依旧处于含糊性当中，处于还没有被冲突所证明的差异性当中。就这样，人们进入危险地带，充满矛盾的地带。人们宣称自己困境重重："环境"破坏、自然资源枯竭、对知识的毁灭性滥用。稍加反省就不难看出，其实"污染"和"环境"这类字眼不过是掩盖了更重要也更危急的问题。如果"自然"仅仅是抽象概念，而在这一领域，"真实"其实由生态系统（一切自我平衡的机制的总和，它"自动"再生产自然本身）构成，那么末日来临显然已经指日可待了。自然没有给生态系统配置一种永久的稳定性。生态系统自己在进化，在引入或失去某个"因子"之后还会重塑自身。但该如

22

何从永久毁灭里存活下来？生态系统该如何活在工地之上？核心问题不在于"环境"，而在于空间。被打碎的生态系统无法自我重建。哪怕弄丢一个碎片，都需要理论思想和社会实践来重建整个系统。不是一块一块重建，而是要生产一个空间。

空间生产的概念涉及逻辑和后勤，尽管人们用"整治"一词来表现这一概念。由于具有合理化特性，空间似乎展现出某种一致性，而这种一致性本身从现实角度来说也合情合理。因此，生产关系的再生产、生产资料（劳动力、生产设备、原材料，等等）的再生产、企业的"环境"管理，也就是说，全社会，包括设置区域与城镇的迷宫、宣扬全新的社会生活等，都同时立足于空间"整治"之上。整个如此"正面的"规划之中，贯穿着资本主义主宰世界的条件和社会生活的条件之间的矛盾。

用以保障这种社会生活的各个子系统（教育、财政、信息、司法，等等）之间的联系，以及它们之于整体的从属关系，只有通过国家本身和国家权力的干预才能得到保障。这一权力干预空间时，并不根据空间的概念和对空间的认识来运作。它使用的是空间中的表现形式、设备、事物。**权力**自我下放为零散的权力，同时并不损失其神圣的属性——主权的**统一性**。通过下放权力，它寻求维持并重新掌管那些成了国家权力的国家机构，因为这些机构有种脱离国家权力而独立的倾向。不存在什么总体的系统（元系统）来把这些零散的系统或子系统整合起来。一致性因此只是一个战略目标。如果存在一种"社会逻辑"，那就是国家权力除了放任自流，便没什么好做的了。承认这样的逻辑，就会回到接受资产阶级自由主义的馈赠上来。换句话说，在社会和政治的实践中，不存在再生产的逻辑。起码不存在超出"权力逻辑"的逻辑。战略方针就是把普遍逻辑（形式逻辑）应用到某些地方，应用到目标和前景上去。（在所谓的系统分析中）应用"系统"这一概念的机制引发了极大的困扰。例如，不存在城市系统，但反过来看，与城市各个组织的膨胀相伴的是城市的碎片化。这就是空间最深刻的矛盾所在。城市不仅仅代表着巨额财富的累积，它也是诞生的中心和认识的中心，是所有社会关系进行再生产的地方。然而城市却成了社会关系受到威胁的地方！是否需要不择手段地拯救城市？是否需要牺牲广大资源，甚至有可能是全部社会资源来拯救城市？或者，是否应该牺牲城市，任由城市的部分组织在失序和混乱之中蓬勃发展，而仅仅保存并重建那些关键的中心？空间政治的战略一下子带来了足以撼动社会关系再生产的重重矛盾。

　　一个严峻的时刻？它带来无法预见的后果，影响持续甚久，即便社会快速转型的条件已经成熟，这种转型也跟很多马克思主义者及马克思本人所宣称的著名"过渡期"无关。结果就是人们可以随说随中，任何观点和任何论断都可能有那么点儿道理。形式上的确定性在这种现实的可能性面前抵挡无功。但在从形式上认识语言的伪装——这种认知取代了真正的知识——之下，任何论述都显得有理有据。参照系崩塌了，人们在数学

23

以外的一切领域滥用术语。在"结构"的符号之下，一切都搅到了一块儿：风尚与文化、专业化与博学化、知识与非知识（彼此都把对方认作自身，而且相互摧毁）、理性与意识、思想与社会。就像和平与战争那样，一切都变得越来越难以分辨。一片混乱。然而话语的混乱和它们当中的矛盾一点儿也不重要，只有有效的矛盾（也就是空间的矛盾）才会带来后果。

24 　　知识被应用于生产和维持资本主义的生产关系当中，这就足以解释为什么有人不再信任知识，拒绝它，唾弃它。对于这些效果的认识能否产生相反的效果？这种认识能否通过批判知识而使知识重建尊严，使知识的内部冲突迎刃而解？

7. 还是意识形态

　　让我们回答上述问题。首先，（社会关系的）再生产理论带回了一个不再是外在或部分的参照物，它现在是内在和普遍的了。有了辩证法，社会关系的再生产理论需要重新考虑意识形态，然而如果没有参照物，意识形态的概念就陷入极端混乱，既是连篇空话，又是言语批判。下个定义：一切表现形式如果直接或间接参与生产关系的再生产，那它们就是意识形态的。因此意识形态不脱离实践，然而并非所有实践都是这样那样的意识形态的反映。一个社会及资本主义有其普遍意义的实践：整体实践。这种实践包括与行动相联系的表现形式，不管它直接与否、即时与否、迫近与否。正如我们先前提到的，那些最有效、与实践联系最紧密的意识形态，往往看上去不像意识形态。

这样一来，意识形态（明显）可以自诩为非意识形态。最有效、与资本主义社会实践联系最紧密、实际看来最不可能是"意识形态"的意识形态，造成了一种生产关系自然再生产的幻觉（这种幻觉认为生产关系的再生产要么来自其自身的惯性机制，要么来自生物性再生和世代延续带来的社会效应，诸如此类）。有意思的是，直到最近，这种生产关系"自然"再生产的幻觉才在马克思主义的结构功能主义者当中得到理论上的推行[1]。我们已经注意到这一幻觉是如何将其反面的幻觉补充完整的：宣布灾难即将来临。

只要有某种科学性，就能造就一个意识形态，即便它可能假装自己是"有逻辑的"。举几个例子："概念—表现""真理—表象"或"知识—意识形态"，都是些无法完成的批判思考任务。重回辩证法的矛盾即在于此：（明显）非意识形态的东西成了意识形态的东西，变成（活跃的、有效的）意识形态。

在资本主义之下维持社会关系所造成的意识形态和理论层面的后果中，有一个就是质疑历史，就是对那个被称作历史的

25

1　参考艾蒂安·巴里巴尔（Étienne Balibar）的文章，收录于《阅读资本论》（ *Lire le Capital*, Maspero, 1965, p.274 et s. ）。

时间及其合理性和终结之处有种不确定感。实际上，"历史的方向"曾被定义为指向资本主义的终结。然而，资本主义关系的持久表现及其系统化正变得越来越强大。意识形态与实践相互交织。关于"生成"的哲学，与辩证法和悲剧的意义一道，似乎已经被击倒，胜者就是不变性、关于平衡的机械理论、组合分析。

意识形态同时也是**价值**和增值、非价值和贬值。经过规范的系统或具体价值的实践，要么由占据主宰地位的阶级造就，要么由该阶级的一个派别造就，要么由该阶级所奴役的"领域"造就，要么最终由**权力**和国家为了维持（社会关系的）状态而造就。奇怪的是，今天，"**真理**"不过成了区区价值。"真理的价值"伴随着真理的瓦解，并掩盖了这样的**真**。取而代之的则是真理的影子及其反面：对从生产中、从生产方式中和从生产关系的再生产中寻找科学真理做出努力。

在维持生产关系最有效的人中，有那些制造系统的空想理论家。他们来到那些最虔诚的祷告者面前，后者祈祷现存的"真实"社会可以被完成，进而"被关闭起来"，由此维持其自身的稳定。

针对**系统**的批判（也包括"系统分析"），和系统化理论本身一样，在这里仅作参考用。让我们快速回想一下精神分析学的案例。精神分析的幸运之处在于，在很长时间里，它的教条主义碰上的全都是其他教条主义，个个自身均争议重重：系统构建者的教条主义、体制化的马克思主义者的教条主义、古典形而上学思想的教条主义、专业化科学家的教条主义。然而不管这些教条通过怎样大的决心和如何细致的说明呈现出来，它们都不约而同地来到被拒绝接受这一结局。精神分析学家从前在、现在依旧在拿他们自己那套独断态度与其他教条作对。今天，精神分析的内部批判还在继续，却有了一点儿"重新评估"的改革架势。然而自从威廉·赖希（Wilhelm Reich）发表其才华横溢的著作后，改革的计划便被搁置下来，清算还在继续。从一开始，从掀起资本主义道德之沉重巨石的第一个尝试开始，精神分析学就因为先天不足吃尽苦头。它总是去考虑一个诞生于历史时间中的社会有何起因和结果：资产阶级社会中压抑的家庭屈从于**父亲**（**财产**持有人，一个代表**财富**与**地位**的形象）。这种永恒静止的模式带来的唯一结果就是灾难（尽管马克思主义和辩证思想曾为其注入一丝活力）。"意识形态—知识"由此混为一谈，不可分辨。自弗洛伊德以降，精神分析学接受的就是一种掩饰了自身存在和自身矛盾的意识形态：（尼采所揭示的）"犹太—基督教教义"与（希腊—罗马的）西方理性主义——**逻各斯**（Logos）对身体与欢愉的藐视。它出现在尼采身后，在那里被他用诗意的格言揭露出来。什么是无意识？就是无所不包，什么都能往那儿放：身体、历史的结局、权力意志、记忆，等等。重复、再生产及其所有方面也都可以往里头扔。事实就是，过去几十年，精神分析学都在用治疗分析法来重

26

建或重新引导资产阶级社会的主体，也就是董事长兼总经理（或其他差不多地位的人）和他的女人——抱歉，应该说"他的伴侣"。精神分析保证能通过治疗他们的神经紧张症——这被认作是确实存在的——来把他们的生活变得容易忍受。精神分析学本身就是资产阶级社会和资产阶级家庭神经冲突的征兆，它怕不是把这个社会的其他征兆治疗得过于好了。因为它有效，其消极性就能因此得到弥补吗？今天人们会这样自问。但这个问题预设了人们接受其"有效性"，同时也预设了精神分析被当作征兆，而非教义。对于"有效性"来说，需要承认精神分析学确实赋予（或给予）性以意义，就像马克思赋予劳动和不劳动以意义那样。注意，是给性，而不是给身体或欢愉赋予意义！这就是其"有效性"在优缺对照表上的局限之处。

8. 再生产与重复

再生产的概念和理论显示了"现代性"最让人诟病却又最乏人理解的一个属性：盛行于世的重复。在所有领域都是如此。可怜那小小的财富世界，不光被迫（与其构建关系一道）通过再生产来生产自身，与此同时，也被迫将它因此重复的东西表现为新事物。这些东西愈发新颖（néo-），事实上也就愈发陈旧。可再生产性为再生产提供了（额外）保障。能够再生产和能够被再生产的一切孕育了重复。起码同义反复、重言叠句和一模一样的事物可以确保绝对再生产的进行。起码被占用和被生产的空间，成了可被再生产之地，完美存在于可再生产的一切之间。这种诡异的、被当成真正活动的活化过程，不断自我加速运作，同时不断将其自身的材料贬值。在此活化过程所包含的最具揭示能力的征兆中，我们注意到：

1) 把风尚与文化相混淆，或者几乎混淆，试图在大致的编年史顺序中追溯某个曾经存在过某种潮流的过去。于是我们目睹了浪漫主义、第二帝国风尚、19 世纪末至 20 世纪初的美好年代、1930 年代的风尚，诸如此类。风尚不单单体现在服饰上，也体现在家具、食品和建筑等方面。在上述所有不连贯的年代中，还是有某种"一致性"。这是种在不同领域（几乎都）同时存在的怀旧，亦从属于某种同质性。用"生产为了消费"去定义消费社会（真相：消费引导的官僚社会）是不够的。这种社会的产品在最好的情况下也只是对先前社会（前资本主义社会）中的作品进行模仿和再生产，并将这样的产物投向大众消费。一旦人们无法再进行这样的模仿和（工业）再生产，他们就开始**怀旧**，怀想过去的**美**与**自然**之高贵伟大。资本主义生产潮流是否由生产能被生产的东西及其重复的过程来定义？是否在这里，资本主义社会就可以关闭自身，从而成就自身？换句话说，一个由可再生产之物与可重复之物构成的系统是否就比其他系统更加接近现实？答案是，重复能造就差异。这一论断保证至少有点儿什么是新的，尽管它不能替代针对"新"的批判。重复并不足以定义新资本主义。

2) 假的新事物被冠以新的这样或新的那样之名；于是就有了新自然主义、新田园风、新造型主义、新超现实主义、新浪漫主义、新异国情调或新美学，也有了新黑格尔主义、新托马斯主义、新笛卡尔主义，等等——甚至还有新马克思主义！

3) 对过去的作品（主要是城市）和历史贪婪地进行消费，和越来越趋于完善的物质再生产相得益彰，已经到了再也无从分辨真假，无从分辨原件和副本的地步。这同时印证了——如果可以斗胆这样讲的话——"创造性"的缺席和创造性的迷思，它们使重复的王国走向完满。到了这一步，创造和发明看上去是如此不可能，它们自己消弭在早已发明出来的元素矩阵面前了！

4) 重复在美学、科学、文化、技术、教学方面的重要性只要凸显出来，就几乎是无可争辩的。从那时起，我们发现的就不只是再生产和模仿过程，还有对重复元素的无休止制造。很多科学和社会领域的"模式"与模拟的重要性亦是如此。然而如此这般的重要性，也不能掩盖行为和运作的可怕重复，它体现在劳动分工中，以及把一切切割成最小碎片的重复细分中……我们在这条道上不成熟地迈步，亦即在（资本主义）现存关系的社会框架下迈步，难道不正是走向皮埃尔·纳维尔（Pierre Naville）那本书的标题所谓的"社会自动化"吗？在这样的情况下，难道社会性的再生产不会随着其政治属性的惰化而变得与生物性的再生产相仿？……不，因为我们会证明再生产一旦缺少（新关系的）生产就无法实现。

这种"文化"中的"新好古主义"会出现并不是巧合。一切它所意味的、代表的和它所隐藏的，不就是现代性的"文化"本质吗？

在（虚假又浮夸的）新事物之假象下面，现代性藏起它重复一切的乏味过程、它那些使人相信这个世界容易理解的冗言赘词，还有它满足于自身的陈腐和反刍。新事物的外表"既光鲜又冗杂"，在日复一日对文化的重复当中，掩盖了全部的再生产。反过来，现代生活对旧事物的再生产也掩盖了这个自我构建与自我再生的现实社会。密集的重复避免不了术语滥用、俗事纷扰，以及一切关于**欲望**和**死亡**的花言巧语。正相反，这样的重复将它们招来，作消遣用，作补充用。

一个人在哲学上要有多大的傲慢，才会假装资本主义延续自身仅仅靠的是"荒诞的流溢"？[1] 这是种狂妄自大的简化，还是种强化笛卡尔主义主客体分裂的哲学态度？或是种知识分子的狭隘眼界，把理智的病理现象（精神分裂）普遍化，轻蔑地投射到余下的整个世界上？这些作者通过上述假设贬低了空间、社会生产和社会本身，将空间降格为重叠并不断流动的东西（客体、符号、编码）。这个假设有趣但脆弱，它以不容置疑的语气，成为任何思想都不得不加以引用的唯一依据。然而这个假设与被精神分析学加以修改和订正的柏格森的哲学[2] 并无不同。它将时间与空间切割开来，使精神分裂成为说明性原则，奉其为神圣不可侵犯的东西。这些哲学家带来一种过时的"极左运动"理论化，它围着政治化了的种种现实问题打转，却不得要领，徘徊于外围（监狱、毒品、疯癫，等等），结果就落得个否定政治的结论。不幸的是，这么一来，他们恰恰将问题还给了"纯粹的"政治家们。

9. 方案

要解决这样的问题带来的困扰，必须有一个总体方案，它必须明确而深思熟虑，为人提供另一种根本上有所不同的生活方式。入侵是其表现，但它不是这种生活方式的实现。它将这

---

1 参考德勒兹与加塔利的《资本主义与精神分裂（卷 1）：反俄狄浦斯》(*Capitalisme et schizophrénie 1. L'Anti-Œdipe*)，minuit，1922，p.280。

2 同上，p.114。

种生活方式留在理想的领域，与现实相对照；还将其留在欲望的领域，这种欲望就仅仅是欲望和言说（言说欲望）而已，并不真实。广义的关于（社会关系的）生产的概念给马克思所谓的"趋势"套上了另一层含义，因为马克思仅仅将它局限在经济层面。入侵是否显示出一些趋势？是的。还有，入侵就是趋势本身，它是如此"正常"，它就是"正常"一词的应有之义。趋势暴露了冲突及其发展方向。

　　这一方案的目标在于生产一种差异，它不同于所有能从现存生产关系中归纳出来的东西。根据此处阐释的假设，这种差异之差异，只有在超越空间（还有时间）时，只有在某种关于空间的概念当中，才有可能被生产出来（这是种潜在的可能性，不是某种思辨的过去）。这一方案（projet）不是一个纲领（programme）。所有政治纲领都只适用于某种局势，它在由特殊利益塑造的扭曲镜面中折射出当前的社会需求：政党、政党机构和政党领袖的利益，政党掌握国家权力并保持掌权的利益，因此也包括了国家结构的利益。一个对得起其名称的方案，范围比纲领大得多。它建立在更深入的分析之上，有着更广阔的视野，更重要的是，它体现着对一般政治的批判，它尤其批判政治活动和政党，还有现存国家和一切国家。只有一个普遍性的方案才能定义并宣布个人和群体的一切权利。它通过定义个人和群体进行实践的种种条件来定义他们的权利。让我们回想一下这些权利：进入城市的权利（不被社会和文明扫地出门而不得不进入一个专门生产歧视的空间的权利）和保持差异的权利（不被本质上相同的政权强制根据既定范畴归类的权利）。即便存在这些政权和权力本身的刁难，这样一个方案还是有可能实现其目的的，那就是促进发展、使"自由"和"权利"成为现实，不让它们消失在或多或少有那么一点儿革命性的漂亮话所释放出的烟幕之后。这不是一件容易的事。古老的"人身保护令"，如今该如何设计并保留下来，才能免于被资产阶级所利用？

而这个方案本身也是鉴于某种局势而形成的，它也有某个战略作为激励。但这个普遍性方案比任何纲领或规划都更接近于路线（一条特别的路线，通向一个不一样的社会，例如，"社会主义""共产主义"）。这个方案设定或假定另一种关于空间和时间的概念。它展现一种视野，展现那条通向这个方案的路线。这一方案不基于任何抽离自哲学思辨的、或多或少是理性的范畴：现实和理念、决定论和意志论、必然和偶然、既定的和空想的、自发的和自反的。该方案把所有这些一并考虑进去。如果非要有一个占据主宰性地位的范畴和它的反面，那就是由入侵所揭示的可能与不可能：要扩大可能的范围，就必须

31　承认不可能、渴望不可能。行动和战略的组合，就是为了让今日不可能之事成为明日之可能。这样的方案只有从其不可能性来看才具有意义：无限期地维持现存（社会）关系是不可能实现的。这个方案就是要从不可能性中发现什么是可能的，反过

来，在如今的"真实"之下发现什么受到了掩盖与阻碍。

这一方案只有在集体的努力下才能实现，铺就这一路线的努力既是自发的，又是有意识的；既是理论的，又是实践的。一部分彼此不同的群体已经着手于制订这个方案了，尤其是那些被权力中心拒之门外且囿于心理、社会和空间外围的群体：女人、年轻人、"不受优待的人"。即便外围虚弱无力、与世隔绝，专为地方性、突发性的起义设计，但它们至少有入侵中心的可能性，只要这些"中心"开始受到摇撼。如果这个方案不能制订或无效，则是因为"社会的"因素避开了思想和行动，因此这些因素只由盲目的偶然性和同样盲目的必然性所推动的周而复始的潮流构成。这几个特点已经足以从反面定义这个方案了，比如，将它与"纲领"区分开来。更重要的是，这一方案只有在城市日常生活当中才能制定出来并发生作用，进而走向彻底的变革。

首先，要把社会需求而不是个人需求放在优先地位。该方案因此与所有受到"资产阶级是领导阶级并处于关系再生产框架之下"这种想法激励的规划或纲领区分开来。一切诸如此类的规划或纲领，不论它们承认与否，都将个人需求放在首要地位（而这种个人需求受到广告和大众传媒等的操纵），并让自己屈从于经济增长和社会关系的再生产。如何定义社会需求？人们常常讨巧地将其与国家需求和国家的强大混淆在一起，或者与在国家计划下对生产的要求和限制混淆在一起，抑或与国家管理下的企业和工人的需求混淆在一起。让我们反对这些围绕着"社会的"和"集体的"含义打转却不得要领的理解吧。我们的首要原则是：今天的社会需求，首先是城市的所有需求。在官方术语中，这叫作"设施""环境"，但这套术语掩盖了问题，把问题置于暂时而不真实的话题之下，当然这些话题自身并非不重要。什么样的问题才是最深刻的？是那些关于空间生产和空间管理的问题，这些问题对应着技术进步和经济增长的可能性，也对应着对社会生活进行管理——这种社会生活来自"大众"，也以"大众"为目的。

要知道，这样一个方案能否实现要依赖工人阶级来决定。即便工人阶级自身不可能全部亲力亲为，即便其自身始终如同过去、现在和未来那样上演着矛盾，这一阶级依旧不可或缺。工人阶级具备选择的能力：改革也好，革命也好，国家计划也好，经济增长也好，随它喜欢！就这样……

必须意识到这一令人不安的真相。生产关系已经持续了一个世纪，在资本主义国家几乎没有发生任何改变，在所谓的社会主义国家有所变化，却也没有达到马克思所宣称的形态变化（比如，工人阶级对自身的消解）的程度——因为工人阶级情愿如此。正如我们敢于承认的那样，工人阶级有其责任所在。这一历史，或者说这一（古典意义上的）历史的终结尚未写就，因为它尚未完成。

政治现实主义接受现状。理论思想则不能满足于过于呆板的角色定义：解释现状。我们必须重申一个中心思想。就在我们的简短分析正在进行的时候，资本主义的生产方式已经实现了自身的概念，正如马克思曾经定义，却未曾说明这一实现的具体模式。资本主义的生产方式吸收、分解并整合了历史交到它手上的东西，也就是前资本主义的生产关系，农业、城市及其他种种子系统，还有先前就存在的机制，例如，知识、司法等。它把这一切都纳入自己麾下运作，在整个空间中扩展自身。这么做的同时，它实现了自身，也就是揭露了自身的矛盾，并加深了它们。它甚至生产出新的矛盾，这些矛盾还有溢出的趋势。

说到工人阶级，它用它自己的方式实现其概念，甚至，而且尤其是在矛盾产生并进行干扰的情况下，因为矛盾就是它自身概念的一部分。

工人阶级自身"如此这般"的概念意味着它的自决（auto-détermination）。工人阶级一旦放弃自决与独立，这不就意味着自毁吗？很多人都有这种感觉，不管他们是否是工人。一旦丧失这种自决性，工人阶级就会走向衰落，它就将被动接受整合，而不是主动去整合，它就将不再成其为阶级！一点儿不错。然而，我们真的能够因为工人阶级不合乎其"纯粹的"理论概念而谴责它吗？不能。这种指责几近荒谬，它基本上是黑格尔式的，在马克思主义思想中随处可见，甚至在马克思本人的思想中也是如此。人们说工人阶级因为没有意识到自己的自主性而让步。对谁让步？对"意识形态的压迫"？对现状给予的暂时好处？或者对生产方式的整体让步，对社会关系的再生产让步？诚然，这样的再生产如果不经过工人阶级哪怕是消极的同意，就不曾也不会完成。然而这并不意味着工人阶级参与了共谋，更不表示它对其真心拥护。这种同意是经过各种手段强迫得来的，既通过暴力，又通过劝慰。这样的让步恰恰代表了工人阶级成其为工人阶级自身的一种矛盾（也是最尖锐的矛盾之一）。它造成了一种被人模模糊糊感受到的不适，这样的不适在作为一个整体的社会中延展开来，穿越或多或少是"文化的"和"有教养的"虚空。然而，"工人阶级"发生了自我分裂，它的各个派系采取了不同的态度，这说明与其保持同质或维持一个同质的要素，工人阶级宁愿变得多样化。无产阶级又如何能避免一切矛盾？凭什么？从那时起，这些派系就随形势而动了。问题已经不再关乎结构性的工人"阶级"或某个预设的"历史阵营"，而是关乎各种联盟——某些特殊情形除外。成为政治阶级的工人阶级是否真的构成一个阶级？它是否还拥有自主性？在此我们发现了马克思已经开始进行澄清的错误或幻象。然而这些澄清并不完全清晰，也没有达到预期的效果。马克思是怎么说的？工人阶级自从变成了（国际化）社会阶级之后，就避免了"他律"。它自此成了一种新的社会实践主体——用葛兰西（Gramsci）和那些信奉历史意义的人的话来说，就是"历史的"主体。它只有出于把自身变成社会阶级的目的，才可以，也才应该采取政治立场。只有成为社会阶级，它才具有自主性，才能改变社会、改变生活，才能通过消解双重异化的工作，也就是劳动本身和劳动分工，从而消解自身。工人阶级在过去和现在作出的选择有什么深层含义？毫无疑问，工人阶级的政治 34 "代表们"目前为止只给他们提供了一种可能性，那就是成为政治阶级。这是个令人失望的可能性，因为它正是他律的：一旦工人阶级同意成为政治阶级，这个阶级就自动撤销了。它将自己的能力、自己的权力和**权力**本身移交给代表它的政治机构、政党和国家。它就此认可了自身的替代品，承认了"主体"与"客体"、目的与利益的地位互换，这种互换对于工人阶级自身来说即便不致命，也十分危险。这样的替代和互换造成了一种无声无息的结果，那就是生产关系披着新名称的外衣，从局部或整体重建起来。如果仅仅是改了个名字，为改变政治系统而进行的斗争到底有什么用处？

因此，如果不是为了寻求绕过政治并削弱政治的途径，工人阶级就无须进行政治化。它没有必要，像列宁主义者嫁接在马克思主义上的那样，通过从自身外部接受一项教条、一种意识形态、一个政治机构，进而获得自我意识。一个世纪以来发生的一切显示了无产阶级内部的矛盾。那么，在工人阶级任凭自己沉迷于中产阶级、国家、政治社会、经济增长和生产本位主义带来的幻觉之后，我们能否认为它还可以振作起来，重新找回自决性？答案是能。

　　毫无疑问，扫清困惑需要数年乃至数十年时间，因为这不仅仅是回归到自发主义那么简单。工人阶级的自决性在今天取决于它能否彻底认识并抛弃生产本位主义概念的来源，这一概念为国家资本主义和国家社会主义所共有，其原因也不是什么巧合。为了什么？为了将发展掌握到自己手中，为了把（获得认可而且可控的）增长控制在满足社会需求的方向上。还有，工人阶级的自决性，就是自主性，也就是工人自治（auto-gestion）。

　　企业、生产单位和工业部门，在当地市场、国内市场（和国际市场）的框架下进行工人自治不会是一件容易的事。工人自治意味着管控市场，乃至消除市场原先拥有的控制地位。工人自治那种生产单位与生产地域（地方社群、城市、大区）相结合的双重特性加剧了困难。坐等工人自治自发走向优化，这是颇为天真的想法，到时候"大众"会对此感到厌倦。从厌倦中会涌起摧枯拉朽之力！一般性的工人自治要做好理论准备。一旦工人自治被认为是公理和准则，理论就能检验其蕴含和成果。工人自治是我们普遍性方案的重要方面，但不是唯一一面。因此有件事不容忽视：1972年，所谓的社会党由于急着与所谓的共产党划清界限，而把自己放在比当时据信过于保守的共产党更左的位置上，接受了工人自治的概念。另一件更令人印象深刻的事则是，工会与工人运动的重要派系之一法国劳工民主联合会与其他组织一起，在极端动荡的困惑之中试验了工人自治的概念。

在这些情况下，主观谴责"旧世界"和呼唤一种新生活（就好像它会在这呼唤中猛地蹦出来似的）都只具有一定的征兆价值。浅薄的极左运动已经显示了自身的空洞。对日常生活（不仅仅局限于劳动或商业产品，也包括所有活动和所有作品），对欲望的纯粹主观性，对在社会生产、生产力、生产关系及其转化之外找寻深入的"生产力"或"创造力"的渴望进行否定或不予承认，所有这些"颠覆性"愿望无不体现出某种空虚。这种空虚想要被填充，上演了一出好戏，一次从"纯粹欲望"和"纯粹思辨"向纯粹意志的虚幻转变——漫无目的，缺乏规划，没有路径。这并不妨碍它肩负"颠覆"这一概念，它与经典的"革命"概念相辅相成。议题仿佛就此发现了新的方向。富有征兆意味的是，入侵自身不再作为一项行动，而是作为一种状态而存在，而这正意味着逃避。往前逃吗？不，是倒退！入侵反而成了退步。这是在虚空中祷告，它即便用内在性（生命、当下的欢愉）替代了已死的超验性，也依然面临着无法超越虚无主义的危险。这是想要倒退回到少年时代的祈求，它被压迫制造出来，却接受了压迫——通过那些东拉西扯的术语滥用，它甚至要求回归到婴儿状态中去。关于欲望和死亡的修辞在被其唤醒的"生命"之外缠绕交融。到了某个时候，颠覆（以它尚未察觉或不愿承认的意志主义的形式）与革命脱离开来，变

36

成了意义的错位。认为理性和现实是对欲望的让渡，这种想法剥夺了欲望的全部立足点，因为无差异的欲望必须通过需求和对多种需求的检验才能将自身认定为欲望。围绕欲望进行反黑格尔主义的系统化事实上回到了黑格尔主义，因此它（在事实上成就了黑格尔系统的同时）也摧毁了自身。无意识通过系统化而获得了新的名字："死亡的冲动""死亡的天性"。它成了追求精神性和弃绝现实的借口，它让现实变得令人困惑。最后，在祈求这些无条件者（欲望、冲动）的祝祷中，离奇地回响起呼唤暴力普遍化的声音。

如果我们仅仅是继承那些从"无名的裘德"到阿尔托（Artaud）的有朽咒语，仅仅是继续完成那些注定要失败并摧毁自身的漫长事业，如果完全没有一点机会避免这样绝对的**自我毁灭**，我们思考、写作、行动又能有什么意义？

1972 年 10 月

37

I 生产关系的再生产

1. 从马克思在其作品中构建资本主义的系统或生产方式开始，这一概念也随之出现。然而马克思自己从未完全解决这一问题。他在《资本论》始终未出版的一个章节里有所阐释，然而这一阐释也并不完整，而且由于该章节未能出版，它比起其他章节来说还要难以理解。[1] 为什么？它本身就包含了两个问题：

1) 为什么马克思到了研究的后期及其理论生命的终点，才意识到有一个关于（资本主义的）生产关系再生产的问题，而且该问题并不与一般问题的种类和表现形式重合？

2) 为什么关于这个问题的思考长期不为人知，以至于马克思提到该问题的文本直到最近才被"发现"？为什么该议题和问题如今被提上日程？如何将其提上日程？[2]

1　马克思的《〈资本论〉未出版章节》由罗歇·当热维尔（Roger Dangeville）翻译并发表于1970 年（Un chapitre inédit du Capital, coll. 10/18, Paris：UGE, 4ᵉ trimestre 1970）。在这位译者挖掘出这份文本之后，更多翻译和评论涌现出来，而它们往往都以掩盖某些"马克思著作研究者"乃至或多或少是官方的马克思主义教条的粗心和空洞为目的。

2　勒内·卢罗（René Lourau）曾在 1970 年 7 月 18 日至 28 日召开于卡布里的研讨会的附件中总结过当年开展的公开辩论，却忘了引用该会议的某份报告，而这份报告恰恰涉及了"再生产"的问题，且将该问题延展得十分透彻（L'Homme et la Société, nᵒ. 21, sept. 1971, p.149-156, p. 266 en note）。为了提前回应不怀好意的评论，让我们尽早说明，我的（转下页）

2. 在《资本论》及其相关作品如《政治经济学批判大纲》[1]中，马克思阐释了资本主义的历史形成过程（或资本主义的"史前史"，马克思的思想和用词在这一点上体现得并不清晰）。然而如今他关于原始积累的理论已经明显不再适用——他的设想针对的是英格兰的情况，而所谓"社会主义国家"和"发展中国家"的经验为这一宏大的过程揭开了全新的视角——而原始积累才是他理论的强项。他展示了资本主义生产关系在特定资产阶级社会中的起源："资本—劳动"关系、剩余价值、剩余劳动和社会性生产过剩，它们全都被资本主义接手，牢牢控制在其手中，为其自身利益而用。说到（资本主义）生产方式，在马克思的语境下，这一概念意味着"工资—资本"、"无产阶级—资产阶级"冲突关系的普遍性后果。这些冲突关系只有通过将之包含在其中并掩饰起来的各种形式，才得以进入社会实践，也就是资本主义社会，例如，契约形式（"劳动合同"的形式，通过一种虚幻的自由，把工人阶级的成员和资产阶级的成员联系起来，美其名曰"合伙"）。这一普遍性后果因此

（接上页）批判分析一开始就涉及再生产的问题，尤其在《进入城市的权利》(*Le Droit à la ville*, Paris: Anthropos, 1968)、《差异主义宣言》(*Le Manifeste différentialiste*, Gallimard, 1970)、《超越结构主义》(*Au-delà du structuralisme*, Anthropos, 1971, 文集：参考第 392 页那篇曾于 1969 年发表在《人与社会》上面的文章，等等）中。此后还有更深入的分析，参考成文于 1968 年 6 月的《泛滥：从楠泰尔到巅峰》，改写版本见后文（译按：本书第 IV 章至第 XIII 章的内容）。

1　Karl Marx, *Fondements de la Critique de l'économie politique*, (2 volumes), Paris: Anthropos, 1967-1968.

包括了制定关于生产关系的司法系统，通过法律保护所有权关系——而意识形态本身也在"表达"冲突关系的同时掩盖了这些关系——例如，政治制度、文化机构、科学，等等。

有意思的是，在这里，马克思的思想和用词也体现出一定的不清晰。长期以来，他徘徊在主体（这个"主体"，究竟是由作为一个整体的社会构建的，还是由政治"主体"——资产阶级，乃至无产阶级——构建的？）、系统和生产方式这几个概念之间。似乎对于马克思来说，"主体"的概念显得相当不精确，然而他还是允许将某些政治方案归咎于某一阶级的做法。至于系统的概念，他一定觉得它过于僵化死板。生产方式的概念对他来说则拥有系统和"主体"的概念的优势，又不那么刻板或含糊不清。

在马克思的宏大设计中，生产的概念强有力地贯穿始终。并不是说它就像笛卡尔式的概念那样简单了，即便在马克思的所有作品中，它也没被完全阐明。另一个与此类似的概念是积累。一个世纪以来，这些进入了理论思想和语汇的概念已经表现出其复杂性。

资本主义的形成过程，换种方式说，也就是资本主义的起源和历史，只与对生产和生产资料的再生产的批判性分析有关。这些生产资料由什么构成？首先是由生产力构成，也就是劳动者自身和他们的劳动工具。劳动者必须进行自我再生产：生儿育女，喂饱他们，把他们养大，使他们自己也具备工作的能力，这样一来，生产力的增长就与人口的增长密不可分。至于用于生产的机器和场地（工坊、企业），它们同样自我利用，把自身价值转移到产品之上，用货币来衡量。组织和分工通过技术和车间设备自我转化。反过来看，设备建立起第一部门（重工业、原材料产业，等等）的主宰地位。所有经济增长因此同时建立在劳动力和生产设备的扩大化再生产上，换句话说就是不变资本（固定的、投资的）和可变资本（工资），根据马克思对其比例进行的分析，他发现资本主义不经历危机时期，就不可能自我实现。在危机时期，资本主义会经历（通过社会手段）自发的自动调节，以及冲突。这就是经济危机。

这些循环（"货币—商品—货币"的循环和"危机—繁荣—萧条"的循环）都试图对其自身条件进行再生产。没有这些条件，就没有循环过程。至于商品流通循环中的交换者之间、资本家和雇佣劳动者之间，乃至某个群体（家庭、民族，等等）内部那种契约条款，它们也在试图维系、保持并再生产其条件。而这无非全都关乎生产资料的再生产罢了。为了更好地说明这一概念，让我们看一个来自日常生活的普通类比。睡眠（休息时间）在维持劳动力（生产资料）再生产方面扮演着举足轻重的角色。然而就算把睡眠质量算进去，包括床具、居室、住房条件，我们都不能说诸如此类的睡眠对生产的社会关系再生产产生了影响。然而休闲（loisirs）却能产生影响。

在《资本论》及其相关作品中，社会的建设性社会关系的再生产（延续）是其内在固有之物。只有当末日性危机和（无产阶级）革命来临时才是例外！毫无疑问，根据马克思的判断，这种危机和革命不可避免，甚至近在咫尺。人人都知道，马克思预见一个全新社会的来临，一个共产主义的社会，在那之前有一个过渡时期（社会主义）作为铺垫。政治革命自己必须为这一或长或短的过渡时期打好基础、做好准备和组织工作，确保到了过渡时期结束的时候，其特点是增长与（至今依旧被资本主义生产关系和生产方式束缚的）生产力相协调，与决定性的、确定无疑的社会需求步调一致。

如此尽人皆知的论述，为何老调重弹？为了展示可以为马克思思想增色的另一种可能性。资本主义社会要么持续存在，要么分崩离析。革命要么从根本上引入全新的（社会）生产关系，彻底解放遏制生产力的束缚与矛盾，要么旧关系在一种惯性或内在作用的维持之下永垂不朽。革命走在过渡前面。

马克思在《资本论》中的分析涉及累积效应和积累的主客观条件（所有领域的条件，包括知识和技术，但更重要的是那些直接涉及资本的条件）。生产力，在整个"历史"过程中，是如何超越来自既定社会关系的种种"现实"的、冲突因素的障碍而不断增长的？似乎对于处理这一问题的马克思来说，增长来到了某种临界点上，该临界点会决定它究竟是走向停滞，还是发生革命性解放。他是不是忽略了累积过程中的社会关系再生产？并没有，而是累积过程的这一方面本身就包含在过程

41

之中，并由该过程构建，不需要节外生枝。当然，"累积过程"一词并不单单指向增长的积累，对于马克思来说，后者只是一个次要因素，然而在马克思主义思想的某种局限性中（但愿这种局限是暂时性的），它变成了首要因素。因此需要明确的是，"累积过程"一词指向一种更广泛的社会实践：现代社会掌控自然的能力或多或少地持续增长。掌控手段毫无疑问是工业。对马克思来说，人对自然的掌控（支配）与自然对"人"的改造密不可分，尽管他不时预感到这样的支配会带来毁灭。他从未质疑这一过程中（质的）飞跃的可能性和必要性，这样的飞跃会打破资本主义的社会关系，同时确保该过程自身能够继续进行下去。

马克思当然不会忽视剥削关系和异化关系的重叠，以及它们在权力关系和依赖关系下得到的强化。他在《政治经济学批判大纲》中指出，自我构建中的社会关系尚未体现在其自身现实和自身真实性中，它因此可以容许乃至要求与原有的社会关系进行对抗。原有关系在道路尽头精疲力竭，如今只不过是一种支配关系，由已经过时的剥削关系中的暴力来维持。这就是16世纪到17世纪发生的事，漫长的危机最终击溃了封建社会。用现代的话说，马克思思想中有一种社会、社会关系和生产方式的淘汰理论。这是马克思的权力批判理论中经常被忽视但特别重要的一方面，同样重要也同样遭到忽视的还有他对黑格尔主义的国家概念进行的批判性分析。然而我们还不能说马克思已经把权力的问题讨论到位了。他没能分析权力的来源，或通过（暴力）压制和（意识形态）规劝而实施的操纵能力，抑或政治家对体制形式和内容的"创造力"。这都是马克思之后一个世纪的政治经验对**权力**的揭露。

42

　　马克思于1863年发现了"总体再生产"的概念。倘若有目的地进行精读，可能还会发现其他相关文本。这一说法出现在一封7月6日写给恩格斯的信中，马克思在信中评论了魁奈那个著名的经济图表。马克思判定魁奈的图表不仅仅总结了商品和货币的流通，还显示了该过程是如何不被打断的，以及它一直持续的原因，那就是它不断生产自身所需的条件。理论上，该（循环）流通过程完成于分配剩余价值，这一步使整个循环重新开始，紧接着是一整套复杂的活动：调整、交换、平衡，等等。因此它不再是生产资料的再生产，而是社会关系的**再生产**。也是在同一时期，马克思撰写了《〈资本论〉未出版章节》[1]，在该章节中他对一种新视野进行了探讨。而且在这一章节中，他专注于确认生产关系是生产过程"不断更新的结果"，而再生产同样是"关系的再生产"[2]。除了把商品普遍化，使之成为资本在其中自我再生产的"商品世界"，他没有走得更远[3]。他努力将资本主义社会之前的商品和如今主宰世界市

1　Karl Marx, *Un chapitre inédit du Capital*, traduction et présentation de Roger Dangeville, coll 10118. Paris：UGE, 1970, p.18.

2　同上，p.266-267。

3　同上，p.64。

场的商品对立起来，而后者正是资本主义的产物。让我们注意
一下，这一描绘"普遍交换"图景的段落其实包含了若干新问
题。比如："既然商品世界似乎是滋养资本的中心，那么，我
们应该如何逃离它？"

3. 后来，马克思预见的事如期而至：竞争性资本主义终结
了，却不完全是以他预想的方式。自由竞争的资本主义在资本
中心化和集中化之下崩溃，但这一过程反而给资本主义提供了
意料之外的组织弹性与组织能力。资本主义抵御了危机和革命
动乱，尤其是在那些"发达"国家——这与马克思的预言正好
相反。这种崩溃在若干经济（和工业）比较落后的国家成就了
一种崭新而自相矛盾的"社会主义"过程，在高度工业化的国
家则导致了新资本主义。马克思本人的统一性概念则分崩离析。
43 在理论层面，《资本论》呈现的总体性认识让位给碎片化科学：
政治经济学、社会学、心理学，等等。更有甚者，这些科学中
的每个门类都自认为可以通过自身的手段获得全部真理或**真理**
本身。与此同时，辩证法思想变得暗淡，传统哲学获得新生，
后者正是马克思已经超越并予以谴责的东西。尽管针对传统哲
学的批判越来越激进（例如，尼采），它还是降格为某种不含
革命性的教育学。哲学进入了文艺工作分工和专业化领域，而
这种分化正是哲学传统上意图超越的。

对于所谓"人文"或"社会"科学的专家来说，社会关系
的重建不构成问题。人们甚至不必去确认它：它"就"在专家

们眼皮底下，它正是他们研究的对象。这些体现在事实中的关系甚至不是事实本身。那些自称为实证主义者或理性主义者的人坚决拥护现实，他们不会把时间浪费在对"事实"的刨根问底上，不会费心去找寻隐藏在事实背后的东西，以便理解社会关系的持续能力。马克斯·韦伯们和涂尔干们的理论和历史的重要性（倘若我们真要这么讲的话），源于他们在这些问题刚刚浮现起来的时候就将其丢在一边不予考虑。就这样，在很长一段时间内，他们都能保持自己的优秀"研究者"地位。深层次的问题意识在这一时期只好在哲学诗人（同时也是旧哲学的批判者）那里寻求庇护，先是尼采，后有海德格尔，更有法国的超现实主义——即便如此，路易·阿拉贡（Louis Aragon）先生也根本没有资格认为，关于这一深层次问题该说的一切，他在自己那遥远而美好的青年时代都已说完！尼采自问：一个如此低级、粗俗，在表面的满足底下如此虚假的社会怎么能持续下去？没错，对尼采而言，"社会性"，作为关系所在与关系的纽带，确实是种具备约束性的可疑事物。而这样的态度离那些马克思主义者远着呢，起码他们中的大多数都很乐观，认为"社会性"能够抵御哪怕是最糟的审判。

在资本主义化的认识之外，在自诩为"革命的"工人运动之中，理论环境也好不了多少。19世纪末至今，工人运动内部产生的分裂指向后来发生在全球范围内的事，并为其做好了准备。一边是"修正主义者"，他们认为政治权力可以而且必须用来扭转现存关系，使之迈向一个更好的社会。与这一"右倾"趋势相对立的是"极左运动"：罗莎·卢森堡在反驳伯恩斯坦时已经预言了这样可怕的灾难。谁是对的？谁都不对，而谁都是对的！我们就不要再就此进行没完没了的争论了吧。不论是右倾的"修正主义者"，还是警告最后的斗争即将来临的极左分子，都没有考虑到生产关系的再生产。对于右倾分子来说，生产关系的再生产就是其自身，它包含在生产和生产力增长当中，也就是说，生产关系并不包含任何确定的强大力量，强大到连国家（议会）权力都无法将其改变。对于极左分子来说，这些关系本来就是要在革命性危机中猛然崩溃的。

直到世界大战，直到1917年，列宁，甚至托洛茨基，究竟有没有考虑过不同于最后的斗争的图景，即便他们的理由可能与罗莎·卢森堡及其极端主义倾向有所不同？好像并没有。直到第一次世界大战结束和十月革命爆发后（国际革命失败后，苏联面临重重困难后），新问题才如同水印般浮现在这两位伟大革命家的著作中。承受致命之伤的资本主义怎么可能幸存下来？是什么让它得以重建？经济基础？农民和农产品？或是工业？抑或是面目模糊的小资产阶级？又或是国民框架？乃至官僚制度？国家权力？军事暴力？意识形态？资本主义全球市场和资本主义的固有体制，通通在大工业国重建起来，几乎没有任何变动。而在1920年后的苏联，这样的重建难道没有发生在资本主义生产关系意想不到的再生产中？针对国家权力的批判性反思被大量禁止，并遭到毫不留情的处罚。为了更好地掩饰"社会主义"社会的增长困难，人们甚至走到了掩盖资本主义的生产增长事实及其危机，也就是生产过剩危机的地步！至于**权力**，当然是要牢牢握在手中——以开权力批判先河的马克思主义的名义——不许对权力的手段与局限及其可能性与不可能性进行分析。这么一来，战略理论不可能得到发展，反而被官方的马克思主义思想所否定。

4. 关于生产的社会关系再生产所产生的问题直到很晚之后才在某位据信是异端的不正常"马克思主义"思想家的作品中被发现，那就是用精神分析学那些"正典"本身的教条还治其身的精神分析学家威廉·赖希。他在家庭与性的关系中发现的逻辑与社会关系的逻辑一致。家庭对应着企业。**父亲**也就是**雇主**，反之亦然：父权代表财产支配权、家庭权威及其权力，对应着资本家对生产资料的占有；妻子、孩子和家仆同时处于被剥削和被支配的地位。威廉·赖希没有将资本主义家庭关系看成一种后果，没有看到这是对整个资本主义社会的"模仿"（mimesis）。他颠倒了整个图景，通过家庭的"前厅"，他认识到全社会关系生产与再生产的中心。这个论题需要一些推论，否则就无法展开（因为它已经轻快地越过了剩余价值和社会性生产过剩理论本身），但它本身的广度就足以支撑那个根本性问题。人在变，在进行代际交替，然而"结构性"关系不变。这怎么可能？如何可能？再生产从何而来？纵使赖希迫不及待地得出了结论，急于以偏概全，但他依然把握住了问题本身，也找到了一部分答案。我们稍后会在谈及"发生核心"（noyau générateur）的特定内容中，谈到赖希的理论及其分析。[1]

46

　　5. 整个第三国际时期，革命组织转变为斯大林主义机构，对政治思想和理论探索的摧毁业已完成。1925 年起，面对所有质疑只需要使用这套公式化用语："资本主义的暂时稳定化"。既然是暂时的，那它什么时候到头呢？人们一天又一天地等，尤其在大萧条时期（1929—1933）。这场经济危机的结局，也就是法西斯主义的抬头，被解读成德国乃至全世界无产阶级革命的来临。在局势压力和上级指令的双重作用下，该运动未经理论澄清就发展成爱国主义。人们企图将革命的"爱国主义"（patriotisme）和反动的"民族主义"（nationalisme）区分开来。这一抽象区分并不影响实践中的困惑。托洛茨基发现，关系再生产中的国民角色和民族国家角色从理论和政治"场域"消失了。对于所有关乎爱国主义的问题，乃至对爱国主义本身的质疑，人们都用"这是历史必然"来回答。似乎自诩掌握历史真

1　在此不提及《被蒙骗的良知》（N. Guterman et H. Lefebvre, *La Conscience mystifiée*, Gallimard, 1936）是有失准确与公允的，该书对此问题已经有所察觉。骗局与意识形态的不同之处在于，它通过宣扬某些理想来实现与之不同的其他目的。法西斯主义利用青年骚动不已的自发性将其收编控制；它声称要拯救感受到威胁的中产阶级，结果却把他们变成军队；它自诩创新改革，实际却在维持现存关系，并加重其后果。

相，就是掌握历史必然！

6. 第二次世界大战过后，中心问题开始浮现，但速度慢得惊人，直到 1968 年过后它才从迷雾背后彻底现身。资本主义的社会关系在半个世纪里已经或深或浅地震荡了三次，重建了三次，这才成为反思和批判认识的"对象"！反思对象从生产资料的再生产过渡到生产关系的再生产，也就是从一个窄概念过渡到宽概念的思考，要求人们付出难以想象的艰难努力，何况这一过渡尚未完成，困难程度在批判思想不断累积的障碍和遭遇的挫折中可见一斑。因此，我们才用了数十年时间来重新发现马克思最后的发现。

是否有必要再一次回溯某一概念的轨迹、某一研究的路线？有必要，让我们快速来一遍，重建其语境、沿途景色和专门用语。我们现在说的是 1950 年至 1970 年对现存社会的批判，它变得如此剧烈，愈发依据十足。同样，"危机"和严峻的时刻也来得愈发频繁。然而，（或多或少是激进的）社会批判不足以发现新概念。这样的批判在谴责资本主义和新资本主义社会时往往自愿变得激进，把社会中这样那样的可恨特点放大，却在细节中迷失了整体。它想成为最后一次危机的征兆与先驱。然而生产关系的再生产停留在总体层面，关乎这个社会运动的大局。

不论是过去还是现在，大部分分析都无法脱离它们发现的特定层面，从而上升至大局。例如，研究企业的"工作社会学"

就常常绕开关键问题：资本主义生产关系如何表达自身？如何在企业内部屹立不倒？这又引向其他问题：剥削与支配的关系，权威与权力的关系，即包含决策和执行分工的关系，它们能否只在工作场所或生产单位长存？它们难道不具备工作条件以外的其他条件？因此关系再生产发生在什么地方？如何发生？为什么发生？因为它并不与生产自身重合，也不与生产资料（人力或物力）重合。一旦绕过这样的问题，所谓"研究"的工作就只是在扮演意识形态的角色，并把问题隐藏起来。

自相矛盾但却完全可以理解的是，在法国掀起的新探索要归功于教育学批判。这一批判同时指向教学方法和教学内容。它首先在大众教育层面，也就是初级教育层面，一点点揭示了教学的特性。教学方法、教学地点、场地规划，这一切都把学生变得消极，使他们习惯于将快乐排除在工作之外（尽管人们意图实行"积极的"教育并尝试改革，但结果依然如此）。教育空间是压抑的，但这一"结构"有着比地方性压抑更加广泛的影响。认识是被迫的，是学生囫囵吞枣地学来的，是在考试中不求甚解地复述的，这与资本主义社会的分工相吻合，它也因此得到维持。自从弗雷内（Freinet）发现主动教学以来，这样的分析得到发展，如今的体制批判研究也随之而来。

学校就这样失去了它在 19 世纪获得的声望。它不再单纯以"文化"工具的面目出现，也不再仅仅是"学校"，它有着正规化的教育功能和体制功能：教育学批判把学校是生产的社会关系再生产场所的一面表现出来。学校培养无产阶级，大学则培养领导人、技术官员和资本主义生产的管理者。被这样教育出来的一代代人前仆后继，在分化成阶级和等级的社会中完成代际替换。教学机构表现出其多功能性（当然也表现出紊乱与失败）。学校和大学传播知识，并按照"雇主"（"模式"）培养年轻一代，使之符合雇主身份，就像使之符合父权和财产权那样。"紊乱"的发生，是因为任何知识都具备的内在批判性激起了反叛。初级学校与高中的大众功能之上，凌驾着大学的"精英"功能。大学删选申请人，打击那些"不合群者"的信心，或者直接抛弃他们，使建制成为可能。就这样，三个等级的教育（初等、中等、高等），不仅仅是像产品或效用那样回到劳动的社会分工上去，这已经不时有自由派或温和派批判提到过了。这样的教育也是其存在依据和缘由的一部分，是其自身功能和结构的一部分。它从属于不同的资本主义市场，包括刺激生产的商品市场和提供劳动者的劳动市场。

不过知识社会学和教育社会学还没有得出新概念，它们还在周围徘徊。乔治·古尔维奇（Georges Gurvitch）留下的知识社会学，包含一套关于当今社会认知形式的专业术语，以及一个关于对立类型认知的表格：经验的/理性的，神秘的/科学的，等等。而他比其他社会学家更强调总体性和阶级关系的重要性。他对知识社会学的阐释是其著作中最好的一部分，也是那个时代最杰出的作品。但他依然没能确定知识对现存社及该社会的延伸存在何种影响。在他那里，知识体现出它自己的一套结构，该结构介入某种存在或现实。然而，从何处介入？如何介入？结构主义流派率先激发了这一反思，随即停滞不前，因为它活生生地抑制了辩证性批判。至于教育社会学，它在分析展现的结果面前退缩了，就像整个社会学那样，去别处找寻，去无论什么地方（历史学里、人类学里、神话学里）找寻解释性要素，却不向前跃进一步，而这关键的一步就能让它把教育的话题放到政治语境中来。[1] 同样的结论也适用于有局限的社会批判，大卫·理斯曼（David Riesman）在《孤独的人群》（*La Foule solitaire*）中的研究就是个很好的例子。既然存在施加在自以为"自由"的个体身上的他者决定，也存在自我异化，那么它仅仅是个或多或少循规蹈矩的个体吗？这是否代表某种注定好的潮流，认定自由和"人道价值"危在旦夕？或者它不过是人口增长的结果？"内在决定"和"外在条件"的意义究竟是什么？被判定为自我异化究竟又意味着什么？而让-保罗·萨特[2] 描述了群体和冲突在精神分析层面的演进与激烈融合时发生的惰性活动，却就此忽略了历史沿革和历史性，他把此二者与总体相互混淆，（相反）他的尝试也没有走得比这更远。社会学描述的则是中产阶级的特性，而不管这样的描述是否具备

1　雅克·阿尔多伊诺（Jacques Ardoino）在《论教育现状》中见证了这种显而易见的犹豫不前（*Propos actuels sur l'éducation*, Gauthier-Villars, 1969, p.79 et s., p.85 et s., etc. ）

2　J.-P. Sartre, *Critique de la raison dialectique*, p.615 et s.

幽默感，它都规避了该阶级支持并为之给养的社会政治现实。

这是否就是引入最普遍的批判——在专业科学中，尤其是在社会学中，进行认识论批判和方法论批判——的切口？毫无疑问是的，因为到此为止，论证已经来到了总体层面。

对于认识论，必须一再重申的是，其不利之处超越了优势。说到"不利之处"，要知道这并不是显而易见的那个方面，而是尚未明确表现出来的，并因此使（理论）处境变得艰难的那个方面。最好的认识论研究，也不过是把那些已知知识或据信已知的认识的"核心"隔离起来。因此它认可脑力劳动的分工，因为这类劳动不可能不与劳动的社会分工发生关系，即一定与市场发生关系（包含在较宽泛定义下的商品和资本市场亦即全球市场中的智力产品市场）。然而社会学就和历史学一样，认识论反思在里头没什么要建立的，也就是说，用不着达到负责任且可敬的知识的普世"建制"层面。

最重要也最有意思的毫无疑问就是关于模式的方法论了，它自认为是绝对的科学。这类专家的工作如何进行？他建立一个关于所谓所有"生活体验"的模式，从这些混乱的"生活体验"中提取若干变量，越少越好，再把这些变量整合起来，使之构成连贯一致之物，用来代替生活体验本身的松散和不一致性。例如，为了解释一般性革命和法国的革命，社会学家会建立一个政权及其所遭遇的危机的图式（或模式），再让若干来自诸如家庭（父亲）、财产、国家之类的变量进入这个模式。

革命总是伴随现存政权的危机而产生，这一点确切无疑；缺少一个这样的危机，就没有革命性事件发生。这个模式因此准确无误，既特殊又普遍，却无法对任何具体事件和革命作出解释。它唯一的目的和意义就是消除对资产阶级、资本主义社会和资本主义本身的全面批判，用一种"对的"结构去替代这样的批判，然而这是"错的"——或者说这不对也不错，因为它虽然进行了解释，实际却不能解释任何事！

关于模式的方法论只有在变得极端相对化的情况下才有可能为自己正名。什么是"模式"？它只是暂时被建立起来，与"现实"相对照，与其他模式相对照，以便揭示出更多不吻合之处，而不是证明其吻合之处。不幸的是，建立模式的人常常表现出一种极其教条主义的傲慢，他们宣称自己的模式（尤其是政治模式，例如，苏联的计划经济模式、被当作社会典范的美国模式，等等）是绝对真理。然而所有模式的要素（变量、参数）其实都来源于现存社会，模式方法论因此倾向于抹杀所有激进批判，还有与生活体验（的辩证法）对立的一切。它之所以达不到像社会关系的再生产那样的总体高度，是因为它自己也参与其中。它绕开了某些值得实施的科学操作法。事实上，除了经典的归纳法和演绎法，还有转移推导法（建立虚拟对象，探索可能世界）。

就算是装备最佳的职业社会学家也在我们要探索的这一概念上半途而废，比如，布迪厄和帕斯隆（Passeron）在《继承人》

(*Les Héritiers*) 乃至《再生产》(*La Reproduction*) 中所做的那样。他们是怎么做的？他们检验资产阶级社会对管理者的招聘方式。他们没有完全超越生产资料的再生产，因为生产代理人包含在生产资料之内。他们研究的是管理者，而非劳动者，因此他们走得比美国那种无甚新意的社会学要远一些，而后者讨论的无非是劳动、工业企业和教育。可是他们的社会批判止步于对经验凭证（"社会学"事实）和对自由主义意识形态的迷信，后者与他们采用的方法论是一致的。

这类针对形式和转移的分析绕开了核心问题，也就是知识内容和知识本身在劳动分工中的地位问题。另一边，很多"极左分子"则情愿把全部知识与（阶级）意识形态完全对立起来。职业社会学家没能骑上（战）马[1]，极左分子则是直接越过了马背。

鼓吹体制分析的人绝不缺乏勇气与胆识。在其假设带来的结论面前，他们毫不犹疑。他们的思想局限是内在的。他们对各个机构分别进行分析，而且只在他们有能力介入的地方作业（"实地"介入是他们的理论实践）。因此教育和大学给这一学科提供了实地作业的优先权，有时候教堂也提供这样的优先权。然而到底该如何着手对诸如军队、法官、司法机构、警察、

---

1 参考 P. Bourdieu et J.-C. Passeron, *Les Héritier*, Minuit, 1970, notamment livre 2, p.89 et s. « Le maintien de l'ordre »。

财政机构之类的子系统进行体制分析，既然它们通通从属于某个整体，而该整体将自身社会地具体化为所有这些机构？这些机构相互外在的性质只是表面现象。哪里有总体的位置呢？要如何达到总体的层面，理解它，定义它？人们可以断言这些机构组成一个整体，而官僚制度和国家就是全部现存机构的总体。然而又该从哪里、如何把握这一整体与其组成部分的确切关系和衔接位置呢？经济学和政治经济学的位置在哪里？总不能因为需要一个单一的"实施体制化的"与"受到体制化的"官僚制度，就把它们弃之不顾吧。把一个机构如何"反映"或"解释"了一种更深或更高层次的现实展示给人看——不论这一现实是无意识还是历史、是官僚主义社会还是资产阶级国家、是经济的还是社会的——这是一回事；把一个机构如何积极参与生产或再生产社会关系展示出来，这就是另一回事了。勒内·卢罗（Réne Lourau）曾提出这一问题，但并未给出解答。乔治·拉帕萨德（Georges Lapassade）刚起步就又被拉回到针对历史与（人类学的）人性的一般化思考中。[1] 作为一门学科，体制分析、它的介入实践基础及其群体动力学，都不可避免地在（对存在的事物进行）确认与对社会反抗带来的灾难性后果进行警告之间摇摆。

---

1 Réne Lourau, *L'Analyse institutionnelle*, Minuit, 1970 ; Georges Lapassade, *Groupes, organisations, institutions*, Gauthier-Villars, 1967, notamment p.121 et s., 176 et s.

让我们再看看休闲。亨利·雷蒙（Henri Raymond）很久以前展示了"休闲社会"（一个俱乐部）如何宣布自己已经从现存社会关系中完全解放出来，自称已不再受到这一依赖关系与权力关系得以实现再生产的社会生活的内在条件与限制的束缚，在性的领域，乃至在"娱乐的场所"尤其如此。该分析为一种关于休闲的普遍性理论准备好了研究领域。而休闲本身就是无拘无束的幻觉，是资本主义的延伸，它为资本主义作出积极贡献，以便巩固其内在关系。没错，（商业化的、构建了特定空间的）休闲是一段确定好的时间，也是最重要的衔接点。而特定的"社会批判"分析和一般性分析之间还是存在着一道鸿沟。[1]

专门从事专业科学的"社会科学家们"——心理学家、社会心理学家、社会学家、历史学家、政治经济学家——比起在新条件下进行更深、更广的彻底批判，他们更热衷于批判马克思（和马克思主义）。马克思的社会批判承载（并反对）着竞争性资本主义，是理论整体的一部分，它是非专业化的！要让其适用于新资本主义领域，必须努力更进一步。当然，转回头来反对创始人总是比继续努力要容易。尽管"社会批判"远比"社会技术"更有趣、更具洞察力，它却仍然躲不开责难。很明显，"社会技术"（统计、量化、为建立"数据库"作准备）就是有意

53

1　参考 Henri Raymond, in *Arguments*, nº 17, 1966。

拿来为现存生产关系服务的。然而对于这些关系的再生产，"社会批判"却在不得要领地原地打转。诚然，官方马克思主义用那套自以为革命的、华而不实的措辞，以及那一成不变的对"国家垄断资本主义"的谴责，似乎使得深挖马克思主义思想的工作显得毫无用处——反正这也不是被体制化的马克思主义最微不足道的优势！

然而妥协了的科学并未就此消失，正如体制一样，它们的生命十分顽强。政治经济学在社会实践中失去了声誉，还被认为通过充当现存社会的意识形态而成了其支持者，甚至连充当意识形态这项活动它都没能力继续下去，因此它躲到大学里去，只有在那里人们还能"严肃对待"它。它在那里，栖息在知识之树的一根枝丫上，尽管马克思早已在《政治经济学批判》中摘尽了这一知识的碎片与零碎的知识的残余果实、这一与分外现实的活动——分配稀有物与失落感的活动[1]——搅在了一起的意识形态。

各种各样专业科学的专家通过反对并不是任何专家的马克思、尼采和其他人来捍卫自己。他们在捍卫自己的专业和职业（作为社会学家、历史学家、政治经济学专家，等等），而他们确实有权利，甚至有义务对自己的同事、家人和合作人这样做。是不是也要就"专家"这一头衔挑战他们呢？完全不用。

---

1 此处"活动"委婉指代资本主义本身。——译注

然而，既然科学似乎无法完全避开冲突，知识本身又怎么有权利避开矛盾呢？

这些谴责马克思和其他非专门性学者的专家注定的不幸之处在于，被认识论体制化、学术化的科学，凭借一种"核心"获得依据的科学，早晚要完蛋。就像这样，一场酝酿了好几年的（货币）危机总是伴随着政治的经济危机和经济的政治危机。这些专业知识与细分实践曾容忍某些**模式**乔装打扮成为所谓"普遍适用的"真理，而它们终将分崩离析。[1]

二十五年过去，已经很容易看清我的《日常生活批判》（*Critique de la vie quotidienne, première édition*, Grasset, 1946）一书从一开篇就具备的某种含糊性了。这是一本"含沙射影"之书？它影射的是什么？文化吗？"休闲"吗？城市现实吗？当然，影射的是那些有必要自我澄清的东西。这种含糊性允许彼此最为对立的解读，不论解读来自（要求日常生活在自身当中掀起革命——全盘革命，马上革命——的）过激派，还是（希望改善日常生活状态，改善"生活质量"的）改良派。这种含糊性也没有阻碍任何批判，不论是"右派"自诩纯粹的科学性批判，还是"左派"自诩强硬的行动批判。

而日常（le quotidien）这一概念的好处越往后越显著。新

54

1　参考诺贝尔奖得主 Samuelson, *L'Expansion*, p.71 et s., juillet-août, 1971。关于弗洛伊德及其信徒在对待妇女与女性性别问题上的精神分析及其不可思议的盲目，参考 Kate Millett, *La Politique du mâle, passim*。

资本主义其实是在日常层面上，而不是在一般经济层面上建立起来的。它将自身建立在日常之上，就像建立在坚实的地面上，其社会性的本质由政治权力来维系。

《日常生活批判》并未言明社会关系的再生产的概念，但它依旧清晰地展现出日常批判分析、城市现象批判分析、经济增长与经济主义批判分析之间的冲突，这些互相关联的领域在日后的研究中将会很快获得清晰的解释。这个争论的路向（也是否定的路向）发现了不论如何也无法争论的总体性。谁又能谴责一项进行得如此缓慢的批判分析呢？这个世界完全不按照我们所说的那样改变，而是以突变的方式改变，而批判分析步履蹒跚地试图赶上"事实"，有时还要碰上绊脚石，还要到处避开陷阱。真相是，"现代"世界中的事物，有的看上去在变，实际却是停滞的；有的看上去停滞，实际却有所变化——并不排除有奇异的复杂化和粗暴的简单化！

这样的情况显示了什么？显示了一片"大陆"——用比喻的口吻来说——一片拥有自身"维度"的大陆：日常、城市、差异——更确切地说，多种差异。这是些不均衡的维度，不均衡地被人发现，或受到阻碍，或发展起来。这片大陆不会为了勇敢的航海者或孤独的探险家而突然从迷雾背后现身，它是从波涛中升起来的。航海者用一个魔法般的手势不会触发这种升腾，他必须在暗礁当中小心行驶才能到达这片升起的大陆。没人可以对发现这片大陆的事迹邀功。为什么？因为这一概念是和"对象"一起出现的，它不进行自我构建，而是在多维度活动中诞生，尽管人们在努力减少这样的维度。这些多维度的实践就发生在我们（你们，他，他们，她们）周围，它们自我生产。至于那个将这样自我产生的对象写下来的人，他不参与其中任何过程。对他来说，什么也没有开始，什么也没有结束。他的作用是什么？是把通过（理论和实践）批判筛选过后的数据、事实和概念统一集中起来，其他人则是将它们分离。只要眼睛不瞎，察觉并领悟这自我显现的一切就不在话下。

在简要重建社会关系再生产的概念及其"对象"是如何"产生"的之后，我们要开始面对问题本身了。而最先要搞清楚的是：是否真的存在问题？答案难道不包含在对问题的陈述中吗？而这一陈述不就是要消解"最初的"（ab ovo）问题吗？我们就从这里开始检验吧，从关于该问题的判断和态度开始。

7. 对一些马克思主义理论家来说，生产方式可以回答一切问题。资本主义的生产方式的概念，自从认识论和理论建立起来那天就无处不在，要么取消其他表现形式，要么附属于其他表现形式。在以完美科学之名进行的悉心准备中，它得到巩固，对被它涵盖在内的一切——包括生产关系——展现一种先在的总体性。这些社会关系如果不在生产方式当中，如果它们不由生产方式来定义，就无法自我定义，也无法在理论上建立构想。因此如果存在生产关系的再生产，该事实并不要求什么澄清，不要求单独对其作出解释。也就是说，生产关系是内在于生方式的，而资本主义的生产方式还未消失。

讨论进行到这里看上去带上了学究调调。生产关系和生产方式，究竟谁先产生？真相是，讨论一来就很快进行，甚至还未检验所有这些术语究竟意味着什么。问题如下：资本主义社会是否从一开始就建立起一个封闭系统，它是注定会自动维持自身条件并永垂不朽呢，还是会在生死二元原则面前自我崩溃？自从资本主义开始存在以来，它内部产生过什么新的东西吗？关于这样的资本主义，在马克思思想和马克思主义思想当中有什么是绝对正确的吗？从这一自诩为关于总体性的总体科学的思想中，能得出什么结论，要排除些什么？

把生产方式放在首要地位的论点会遇到很多异议。该如何确定某种生产方式产生的日期呢？换句话说，理论思考应该把历史的哪一个瞬间看成生产方式开始具备总体性的时间？在这一假设中，单纯声明"事实上，从它这样那样的因素表现出来的时候，它就已经在那里了"，这是不够的。以货币作为媒介的商品交换古已有之，它用了很长时间才取代物物交换和赠予。这也是为什么马克思在《〈资本论〉未出版章节》中展示了商品和市场的全球扩张意味着质的飞跃。他发现在中世纪城镇中存在一种"计日短工"，这类工人已经被剥夺了生产资料，只好将自己的工作时间出卖给当地资产阶级和合作社社长，因此他们的工钱按时间支付。在16世纪，资本主义和资产阶级开始了上升运动，他们发动了若干政治大战；到了18世纪，他们的支配地位已成定局，因为工业取代了手工制造业，登上历史舞台。这一关于原始积累的具体历史是在一连串特定的持续或非持续性事件中进行的，如今回想起来，它表现为一连串高度戏剧性的置换、更迭和(财富与权力的)转移。"臣民"和"代理人"的身份相互碰撞并发生冲突，与此同时，他们在自己周围积累起知识、技术、财富，总而言之就是资本和资产阶级社会的一切条件。

如果说这些事件和变化若干世纪以来一直在发生，而不仅发生在建立某种结构的一瞬间，那么，关于19世纪和20世纪又有什么好说的！马克思揭示了竞争性资本主义的起源和建立，而这时候"生产方式"是否已经实现？如果答案是"否定的"，那就意味着竞争性资本主义的法则及其(由马克思发现的)盲目的自我调节尚且不是资本主义本身。如果答案是"肯定的"，发问者一定会陷入极大的迷惑：既然如此，又该如何解释资本主义的转变、竞争性资本主义的崩溃，以及国际资本主义在与国家社会主义的竞争中占据上风？总而言之，从马克思发表《资本论》至今，其间究竟发生了什么？

"总体"概念被教条化固定好，不经过任何讨论调查就把历史排除在外。如果有人坚持停留在历史问题本身之上，他就会发现教条主义也将这一问题排除在外，甚至进一步认为问题已经解决，也就是相当于对该问题不予受理！如此教条主义，我们之前都没有见过，更别说想过它有朝一日竟会存在！对知

57

识进行的索取和调查都被认为是绝对的（以认识论为既定、强硬而坚实的核心，从哲学上给予其合法性），它们同时遮蔽了自发性和权力（前者是盲目跟随，后者则是完全有意识地在科学的领域之外进行干预）。

退化的哲学要求知识自给自足，它挂上认识论的名头，使人们无法理解"世界"和"社会性"原本的面目。因为只有那些倾向于把自己简化为"纯粹"知识的内容才能进入考虑范围。生活体验？在这样的眼界中，生活体验只会被当成迷雾而驱散，伴随着（意识形态的）幻觉及在日常中被误解的自身，一起落到最底层。无生活的概念取代了无概念的生活体验，倒退至黑格尔式的概念构想上。至于权力，它不喜欢被人构想。不过因为它无法简化为一个概念，我们就对其施以"尊重"，这也是它的全部要求。生活体验和权力受到对待的方式并不平等：权力只是被遮蔽起来，"生活体验"的阴影则被灭绝天使[1]的光之剑和哲学家的观照扫到角落里去。

一个如此固化的"马克思主义"概念，"生产方式"（或别的什么东西），还有分别源自该概念的一切事物的系统化，它们摧毁了马克思本人的观点：解释世界的目的在于改变世界，理解"生活体验"的目的在于开辟通往生活本身的道路。不少

1　原文作"l'Ange exterminateur"，这也是路易斯·布努埃尔1962年上映的电影的名字，这部超现实主义电影正好展现了文明的表象是如何在极端情形下迅速崩溃的。——译注

人会发觉这一在实证主义和经验论基础上系统化的态度很有吸引力。关于它的论述因此得到巩固，显得更加清晰。古老的笛卡尔式启蒙一度变得稀薄、受人冷落，如今重新大量涌现。人们在从确信到确信的道路上前行。没有什么是含糊不清的。人们谈论已知的事物，写下确切科学已经证明的东西。那些藐视形式、只接受"内容"的人所具有的姿态本身也是一种形式。然而这样的情况很快就要颠覆。我们始终在自诩纯粹与绝对的知识的圈子里打转（这样的循环起初是恶性的，不久后就会成为地狱式的）。生活体验受到蔑视，它要报仇雪恨。有意义和无意义之间塌陷出一道裂缝（后者并不是差劲的思想中"未曾被思想的东西"，而是整个"世界"，包括欢愉和受苦、行动和激情）。很快我们就会发现，人们一旦能够反复获得他们可以谈论的那部分知识，那么对于剩下的部分，也就是无法进入令人着魔的"知识"——思想的住所——的那部分事物，人们就开始胡言乱语了。在此处和彼处备受谴责的系统化激励我们诉诸一种像马克思那样的思想，它真正知道该如何去避免尼采那种知识拜物教思想及其包含的重重危险："缺乏判断力的认识本能像盲目的性冲动一样，是卑贱的信号！"这种"纯粹"知识的粗俗感从何而来？它将必要性变成了充分性。这一质的卑贱，除了去欣赏遭到抛弃的"生活体验"——正如尼采欣赏诗歌和悲剧——别无他意。这些"理念"知识和现实的鼓吹者倘若投身物理学或生物学也就罢了，他们不会带来多大不便，

58

只不过有朝一日，会有别人提醒他们其界线所在。然而这些鼓吹者一旦投身文明和"文化"，或者仅仅投身于掀起事端，情况就会很快变糟。**权力**（被政客、军人、官员之类根据局势要么结盟、要么不睦的人所掌握）很快就会在知识里找到自身的依据。**权力**不懂任何界线。

"生产方式"的系统化应用，对马克思之后那些"经典"马克思主义思想家毫无用处，也不会改变他们的想法。资本主义在持续。只要它还能持续，它就会持续下去。等到它消失的那天，它自然会消失。什么都不会改变，因为在"生产方式"不变的框架下，要说改变，也不过是细微之处的调整罢了。只有"进程"的概念会改变，先是历史进程，再到经济进程，然后通通让位给结构进程。至于从国家资本主义到国家社会主义的过渡，它依然面临着展现出某种断裂（不可持续）的危险，纵使这样的过渡拥有所有格外"结构化"了的可持续特性！

59　　几乎完全无条件地强调"生产方式"不仅仅是冻结了马克思主义思想这么简单，它还产生了其他意义和影响：一致性代替矛盾性，建立起一套自己的标准。附着于某个"对象"、其构造、其成分、其建立等条件之上的思想，使该对象自身具有一致性和连贯性，以牺牲所有可能导致对象或其自身当中出现冲突的思想为代价。在一种力求实现自身稳固并消除侵蚀自身因素的社会潮流中，这样的思想是依靠什么、如何建立起来的，这本身就是另一个关于如此这般的社会何以长久发展的证明。

生产关系包含着矛盾，特别是（资本家—雇佣工人的）阶级矛盾，而阶级矛盾可以简化为（资产阶级—无产阶级的）社会矛盾和（执政者—被支配者的）政治矛盾。要展现生产关系的再生产如何进行，并不意味着要强调一种资本主义内部的连贯性。正好相反，它意味着——尤其意味着——要展现出种种矛盾如何在世界范围内深入并扩大。把生产方式置于生产关系之上，正如把一致性置于矛盾之上，这种"理论实践"的态度只具备一个意义，那就是消灭矛盾，清除冲突（至少消除某些必然冲突），却掩盖了这些冲突的起源及其造成的后果。

正是在某一根本性理论问题涉及一致性与连贯性二者的关系之时，人们消除了辩证法，此为其一；其二则是冲突和矛盾的关系。换句话说，如今的首要任务变成了逻辑与辩证法之间的关系，这一关系既存在于知识当中，又是知识本身。该关系超越了矛盾吗？关于它自身，以及尤其是关于"世界"、关于"生活体验"、关于误解本身和被误解之事，这一切难道就不包含着内在和外在矛盾了吗？

这就是为什么我们应该——以某种充满讽刺的方式——欣赏路易·阿尔都塞在引入超定（sur-détermination）概念时那种意识形态上的矫揉造作和滑稽可笑。这一概念或伪概念来自精神分析学，经由搬运或放逐，已经远离了其自身的来源。它试图凭借把一致性重叠在冲突性之上，同时保留一点点冲突，使得冲突从属于总体的连贯性与持续性。整个矛盾自身都体现

60

出它在复合**总体**中存在的条件，及其在结构中的地位。矛盾的
"实然"地位，若不是放在前者与其"应然"位置的关系中，
就不可以被构想，也就是像无变动结构性中"占支配地位"的
变动性那样（支配事实与事实的地位的决定性诉求）。占支配
地位的是不是一般矛盾或特殊矛盾？都不是。矛盾本身是由总
体支配的。谁要是能理解这个，就尽管试试。无变动总体性怎
么可能给变动性提供支撑，这种变动性又怎么可能自称为"矛
盾"？一个矛盾怎么可能简化成存在于结构总体中的变动性？
这到底是在说些什么？变动性到底是什么？是不同于平均值的
差异，还是不同于某种资本主义普遍模式下的"理想典型"？
是不同的民族？还是经济学家（比如，凯恩斯）的不同尝试？
抑或资本主义内部持续了一个世纪的各类修正？似乎都不是。
那么是社会主义社会吗？是它们的"特殊差异"？好像也不是。
（黑格尔主义或非黑格尔主义的）对总体性的思考，紧随"由
复合结构不均衡决定的"[1]对总体性的思考，它要给变动性提
供一个理论地位，从而给马克思主义的政治实践提供合法性。
这些变动性可以理解为在每个范畴的游戏中，乃至在每个矛盾
的"游戏"中嵌入的"具体重构"。这样的倒错难道不是很奇
怪吗？说到"生产方式"，却不从马克思出发分析资本主义的

---

[1] 参考 L. Althusser, *Pour Marx*, Maspero, 1965, p.215 et s。让我们（带着讽刺意味）比较一
下如此"结构地结构化的"马克思主义的总体性与"多维度世界碎片地碎片化的总体性"
（Kostas Axelos, *Le Jeu du monde*, Minuit, 1969, p. 157 et s.）。

生产方式，而是去谈直接把马克思当作内在于社会主义生产方式的政治实践！

到了这里，读者终于知道阿尔都塞要说什么了。他谈的是政治实践。是**政党**的政治实践，是伴随理论实践的政治实践，是（明显在以**政党**作为集体思想家之框架下的）经验分析。一切真相大白。然而这些倒霉的理论家再一次注定迎来灾难性命运，自诩为马克思主义的政治实践自从 1963 年就已经失败。正是在这个年份，教条主义要求将南斯拉夫的"修正主义"驱逐出自己的"政治实践"，同时一起被驱逐的还有试图重新将否定和（批判的）否定性整合进马克思主义思想的努力。同样是在这一年过后，试图缩小苏联和中国之间的分歧变得不再可能。关于政治实践已经造就了（社会主义生产方式的）未来的那种理论业已成形，它不允许这样的分歧存在。其科学性、单义性和经验论的坚固性，排除了一切存在分歧的情况！

这一结构化了的马克思主义观点，目前为止除了将生产关系的再生产排除在外，什么也没做到。它仅仅是用某种累赘的方式重复着关于生产方式的定义。资本主义就是资本主义，这样的同义反复替代了对资本主义内部发生的变化进行的分析，这些变化是不可以简化为围绕结构不变性的那种变动性的。要说资本主义究竟发生了什么，而且也必须承认确实有什么发生了，它只能通过类比来加以理解，要么和过去（历史学的残余）

61

比，要么预测未来（政治预言的残余）。在严密的表象下，不一致性也成了方法论。

举个具体例子。让我们想想城市现象。在结构主义者设定的视野中，似乎现象也是（资本主义）生产方式的一部分。一边是生产单位即企业，另一边是城市居民区。在后者内部，企业的必要劳动力自我再生产。消费除了满足劳动力再生产，没有其他意义和影响。因此受到总体超定的生产方式，其结构可以在这个层面上被描述为两大单位群体之间的关系：生产单位即企业与消费单位即城市的关系，而后者是生产单位的"补充"。

这一结构的（而不是辩证的）分析并不算错，却也不算对。它太普遍了，不承载具体时间。它在任何地方永远都是既对又错的，这意味着不论针对某个18世纪的英格兰城市还是某个现代大都会，不论针对某个矿工住宅区还是某个虚构的都市，我们都可以这样说。该分析简化为一个公式，在城市现象面前毫无用处。它可以作为资本主义生产方式在被其超定的某种特定现象上的应用。人们自以为"发现"了城市现象，而这只是科学话语的幻觉罢了。这样的空话只有通过让意识形态变得乏味才可以避免它。结构主义自行其是，避免了生产关系的再生产问题，因为它已经将该问题简化为寻常而永恒的复合体，也就是劳动力（生产资料）的再生产。它不会谈及两个世纪以来不断出现又消失的城市现象，因为这只是"一切结构化"之后不那么重要的细节问题，然而这一结构框架下什么也不会发生，因为它从一开始就表现为一个整体了。通过这一连串几乎在同义反复的严密命题，人们当然能得出十分严密的结论，就这样，人们在避开本质的时候与本质擦肩而过了。尤其是这样一个事实：（历史上的）前资本主义时代中零散却渗透于更广阔城市空间中的城市，如今恰恰变成了生产关系再生产的场所。

总而言之，结构主义的假设过于迫不及待地定义了"生产方式"和"系统"。该假设展示了一个从一开始就构建得十分完善的资本主义系统，五脏俱全。而我们提出的反对这种投机性建构的假设如下：从来没有过什么已经完成的系统，只有试图去实现系统化——在生产关系及其矛盾的基础上，迈向连贯性和一致性——的努力。实干家和政治家总是试图简化冲突，或者至少减轻冲突产生的后果。他们考虑的是层次和维度，比如意识形态、机构、语言、契约系统，等等。他们试图通过调节性机制，从矛盾带来的混乱中提炼出连贯性。**系统**尚未完结，而且只有在到达终点（而不是起点）时才会自我完成——当然，要看这一系统自身的终结，它不断加快其来临却又一直隐藏其存在的终结，是否容许该系统呈现出完成的模样。一旦系统化的努力开始有所成就，它也为该系统的崩溃做好了准备，崩溃原本就是系统化必将触发的活动。终结掩盖了衰亡。此外，终结也只能由衰亡或结构之崩溃来定义，而不是通过将其转移到他人手中（例如，很多人设想的从国家资本主义过渡到国家社

63　　会主义）来定义。更有可能的情况是，该过程会比第一种假设
　　　（崩溃）少一些灾难，而比第二种假设（转移）多一些曲折。
　　　除非有意外发生。应用到马克思主义头上的认识论公式，尽管
　　　自身藏在"断裂"的遮掩下，却还是过于显眼地把资本主义的
　　　技术官僚制与所谓社会主义的技术官僚制结合在了一起。

　　　　在马克思主义的结构功能主义者的视野中，生产关系的再
　　　生产则简化为一种简单的加强，一种对这些关系的复制和重复。
　　　通过谁干预？通过国家，一种意识形态机制和镇压机制。**权力**
　　　自身占有的所有特定权力中，包括一旦理解了矛盾就将其简化
　　　的权力。这种简化权不属于某种科学性——尽管这种科学性会
　　　在自己的图式和模式中应用到它——它属于国家。说得更确切
　　　些，有一个决定性层面，在这一层面上经济矛盾自我展现出来。
　　　根据资产阶级和资本的霸权派系利益，国家干预体现为简化（或
　　　部分消除）这些冲突的诉求。（相对的）一致性因此在该层面
　　　得到重建。也存在一个超定的层面，（简化地）显示为诉求之
　　　间的差异、经济利益与政治利益之间的差异。政治诉求就是国
　　　家的行动领域。霸权派系自身的利益最初是经济的，却也因此
　　　上升为政治利益和一般利益（很明显，也就是国家利益、人民
　　　利益、民族利益）。意识形态工具掩盖了掌握霸权的阶层对其
　　　他阶层的剥削和压迫。诉求与层级的自治和差异同时受到简化、
　　　利用，作为差异得到尊重。而这也意味着在超定层面也有一致
　　　性、连贯性和系统性。两个层面的相对一致性相互巩固。从这

一角度看，在意识形态层面，凭借意识形态诉求和工具的有效性，矛盾得以成功消解。因此国家的本质与（带有阶级本质的）国家机制虽晦暗，却仍有微光，其结果如下：

1）只剩下一个问题：意识形态的再生产；

2）诉求与层级的运行机制满足于借助功能主义的意识形态 64 完善起来的马克思主义—列宁主义的经典论述形式；

3）该论述完全禁止在生产方式框架下出现任何新因素。

8. 要提出一个关于社会关系再生产的问题并使之能够避免此处批判的理论情形，我们可以从总体回到特例。我们可以在某一具备特别广泛的社会现象的群体中寻求此处涉及的各种现实的答案。

求助于意识形态不是什么新鲜事，不必多提。半个世纪以来（自 1917 年 10 月开始），任何不如所愿和达不到预期的事都被归咎于敌对方的"意识形态压迫"。而意识形态具备不容争辩却确实有限的效果：它掩盖的是（表现出来的）意识当中的矛盾和针对意识而生的矛盾。最坏的情况是，意识形态推迟矛盾，但不可能消除它们。很明显，如果没有（技术意义上的）生产力增长和（人口学意义上的）人口增长，意识形态就永远不可能维持生产关系，它只能将生产关系的再生产隐瞒起来。让我们面对已知现实：意识形态的概念争辩已然走入死路。对于独断论者来说，从现在开始，人们大可让科学摆脱所有意识形态了。对于过度批判者来说，知识不过是冗杂的表象，而所谓科学不过是当今社会的意识形态。

事实上，新资本主义的意识形态问题应该放在马克思关于竞争性资本主义的语境中，却不失其本身特殊意义地重新考量。马克思揭示到，在资本主义社会中，（政治、国家）权力能够在自身的控制下整合和分散各个社会要素。这些要素，也就是土地（土地所有权）—劳动—资本，紧紧统一在一起，与此同时表现得互相分离，同时被看作不同"收益"的来源。与其说这彰显了资本（如同土地和地产收益那样）由剩余价值构成，不如说这为资本的"收益"提供了合法性。在这样的条件下，社会政治实践及其表现（关于分离和"区别"的意识形态）之间有着紧密的联系。表现出来的一切掩盖了具体情况，并用自己的方式"表达"具体情况。这些表达使具体情况能够维持。人们不可以通过单独"表现"实践，就把实践与意识形态脱离开来。

在相当有限的一段时间内（1948年到1968年的二十年间）建立于（或"奠基于"）特殊现实或一连串夸大现实上的系统化不是什么稀罕事，事实上它相当稀松平常。这些理论系统多多少少都受到欢迎，得到很好的说明，进行大量扩散。如此系统以至于公正的批判在它们身上甚至找不到任何社会"产物"的特性，更别说标志了。这些系统就像星球一样萌生、增长并衰败。故意避免讨论和争议的鼓吹者们寄希望于某种类似自然选择的过程。那些小小系统中最健壮的可以捱到成熟。它们消灭了其他系统。因此一项科学方案反而发展起来，那就是普遍**系统学**，该方案开始通过区分社会领域自然产生的系统（契约系统、司法系统、财政系统、教育系统，等等）与人造系统（哲学、复杂论证、体制化艺术、道德，等等）来研究普遍系统学。

在该时期开始流行的理论系统中，有一些大获声誉，个中翘楚要数列维–斯特劳斯，他从人类学现实（亲属关系及其谱系）出发，根据组合模式处理，对其进行向外推演与简化操作。人类学原本是种特定而专门的科学，这下却反而上升至普遍性层面。为何在此回顾这一规模不小、勇气不少的尝试，纵使科学的谨慎精神使这样的大胆有所克制？为何在此重提这一从未被准确看待的争议？因为该系统在上述时期获得了优势地位。它成为很多系统性概念的参照物，取代了随之消失的旧式哲学、道德或政治思想。结果就是，该系统直接或间接地改变了"研究者"的关注点，使他们不再调查当今社会。即便在法国，我们也反复看到这样的本末倒置。就在教育研究或当今体制研究中，面对首要的中心问题（国家、权力），人们却更关心神话学或"原始"社会，并用它们来为当今社会建立经验论标准或模式，再加入一点点语言学和心理学的东西。这是意识形态披上科学性外衣的极好例子——绕过乃至避开本质，让知识偏离航向！

"本质"究竟是什么呢？完全不是与存在相区分或者形而上学地与存在相统一的那个哲学的"本质"。不是。这一本质是社会关系的再生产，也就是资本主义在生死存亡之际持续自身的能力。让我们尽可能说清楚，这绝对是个遭到抑制和排斥的问题。诉诸人类学就像诉诸精神分析学一样，是对本质问题的拒斥。我们大概可以在"无意识"或普遍组合模式中就把问题提前解决掉！对于此类观点，我们在此提出的问题意识没有任何意义或任何"对象"可言。(事实上，问题也不关乎什么"对象"！……)

尽管列维–斯特劳斯试图从把社会结构简化为一成不变的人类心智结构出发来展开广泛的概括，但如今，亚伯拉罕·莫莱斯 (Abraham Moles) 则试图从控制论出发来进行概括 (这两种尝试只要不相互竞争，就有可能彼此结合起来)，某些从马克思主义出发的局部系统化还是吸引了他们的兴趣。就如同马克思主义思想和官方马克思主义 (教条主义) 在分崩离析的时候释放了某些个中要素，于是这样那样的人都能拿来一用，并尝试某种概括。人们到处都能发现对异化进行系统性阐述的迹象 (而这一概念明明就是反对系统的！)。赫伯特·马尔库塞在工业社会中应用了生产的广义概念，他试图研究一般知识和技术如何干预生产活动并展示其结果：一个积极且封闭的实践系统，也就是美国社会，它没有入口，也没有其他孤立并绝望的群体的那种"否定性"。在法国，让·鲍德里亚从交换价值和商品出发，尝试了稍许不一样的系统化路向。商品世界，也就是交换价值的世界以自身逻辑进行运作，把使用价值简化为对符号的使用。符号世界替代了物体世界，符号自身则为社会关系提供支持，符号才是被交换的对象。这个世界变得去辩证化了。它为自己拆掉了矛盾和冲突的雷管。也就是说，它终结了曾经的"历史"，逼迫现在回到过去，并将其变为符号。消费社会以这样的方式成功吸收了明显难以克服的种种分歧，用使其变得无害的方式接纳它们。这样的假设，正如在之前提到的各种理论那样，认为社会关系的再生产的存在是自然而然的。

最有意思的一个尝试要数科斯塔斯·阿克塞洛斯（Kostas Axelos）[1]，他比其他人更好地表达了我们先前提到的所有系统化努力的局限。他值得肯定的地方在于他从 1961 年开始就专注于提取某项在现代社会中走向自主——至少是表面的自主——的"要素"：技术与技术性。在此路向上，阿克塞洛斯迈出的步子比海德格尔还要英勇，他指出马克思是如何提出技术的概念，如何定义其重要性及其在工业与经济增长中扮演的角色的。他利用这一论述证明马克思的著作与思想中存在一定顺序，那就是技术概念的出现与逐步澄清。即便如此，阿克塞洛斯也没能走出死胡同。他关于技术与自然、哲学与历史、思想与社会之间"达成和解的问题"的思考[2]并未看重我们在此

1　K. Axelos, *Le Jeu du monde*, Minuit, 1969.

2　K. Axelos, *Le Jeu du monde*, Minuit, 1969，p.294-300.

当作问题来讨论的再生产。他的思考越过了它，直接从资本主义过渡到全世界人类的问题上去了。

关于一般的"经济问题"，人们究竟又在谈论什么？经济现实？它持续下去，人们寻找的正是这一持续的理由或原因。用经济来解释社会经济关系持续的原因，这又是一种同义反复，或者只是对现实的自然惰性进行的确认，或者确认的是这些关系的"正常"属性和永存。这样的回答同样避开了问题本身。经济现实持续下去，因为它包含着自我调节。自《资本论》以来，马克思就算没有完成，也已经开始了对该配置的研究，并揭示了这种自我调节如何与冲突相互纠缠。他证明了连贯性原则无法消除矛盾，调节机制的原则也无法终结矛盾，直到政治革命来临。调节机制是盲目而自发的，它只不过与意识齐平，正像那些矛盾一样。在方法论和理论层面上，我们会发现最困难的问题已经被提出来了："逻辑的／辩证的"相互结合。经济因此掌握着某种内部调节，这种调节的结果就是竞争性资本主义生产的社会关系。这些关系孕育了社会资料：价格、平均利润率，等等。在从竞争性资本主义过渡到组织性资本主义（也就是"国家垄断"）而不是有组织的资本主义时，当中究竟发生了什么？这些配置并没有消失，而是获得了好听的名字：反馈、内部同态平衡，等等。在某种程度上，人们认识并认可了它们。这样的认识对它们来说有何用处？专家们在回答这个问题的时候有所犹豫是有道理的。因为人们既可以说"伴随这一认识而来的是扰乱自我调节的轻率干涉"（新自由主义的答案），也可以说"这一认识使人们有能力支配自发的过程"（新统制经济论的答案）。

我们因此又从经济问题本身回到了作为科学的政治经济学和作为实践与技术的经济政治上来。然而我们也只能认定这项自诩为普遍适用的专门性科学已经彻底失败，正如与之相结合的技术那样。所谓的经济科学，它本身难道就没有以某种意识形态的方式回避了我们的问题？

因此就算社会实践（即持续增长）使社会关系得到重建，政治经济学对此也毫无贡献。或者它给予再生产的贡献是盲目的——作为意识形态的。或者它睁着眼绕过了问题本身，而去关注那些超级模型（平衡和增长的模型，更确切说来是增长中的平衡模型，它将充分就业与价格稳定"在理想状态下"统一起来……）。

既然我们是在某个现象或某组（绝对不普遍的）特定现象中寻找关系持续的缘由，我们就要找到某个发生核心。这是个不能与"认识论核心"混淆起来的理论，因为它身处生活体验当中，而不是位于纯粹概念的路上。这是威廉·赖希的研究成果，在他那里，"男人/女人"的关系过去孕育了、现在也足以孕育所有的依赖关系、支配关系、剥削及不平等的关系（也就是权力）。

近来女权运动的理论家反思甚多，她们重提赖希的这一论

69

述。本书的目的并不在于贬低她们的攻势。然而那些"积极的"伟大思想却再次居高临下地评价该运动的爆发，将其说成是对宁静学问世界的一种"入侵"。当凯特·米利特（Kate Millett）在《雄性政治》（*La Politique du mâle*）一书中攻击当代文学与科学中关乎男性生殖器神话及其意识形态时，这样的攻击承载了理论的重量。倘若人类学家、人种学家、社会学家、心理学家和精神分析学家、符号学家和哲学家（弗洛伊德在其中扮演着重要角色）无视占据人类人口一半的女性到了要用某种幻象代替知识本身的地步（包括他们当中最伟大的那些，而他们原本应该结束这种无知），这种态度不可能不在各个层面产生重大后果。让文字在一束新的光照之下作为内容而不是形式出现吧！既然认识论在某一时刻被人们当作（绝对）知识奉为神圣，它此刻又如何能抵御这样的攻击？然而这样理由充足的攻击却在几个最重要的问题周围打转，不得要领。凯特·米利特攻击的是阴茎权力的意识形态和神话，她和她的盟友们却不攻击权力的语言（其象征不仅仅是**菲勒斯**［Phallus］[1]，还是**眼睛**与**注视**，还是海拔与高度，还是雄伟宏大之物，还是处于中心的空间！）。男权主义并不与财阀政治或现代民主、资本主义或社会主义完全吻合。凯特·米利特诙谐驳斥女性空洞与缺席形象的做法，其实是将两性关系及其象征孤立出来，她绕

---

1 拉丁语，原指阴茎，弗洛伊德则将该词用作"男权"的象征。——译注

开了日常生活、城市和差异，也就是绕开了内在关系的再生产！
她和贝蒂·弗里丹（Betty Friedan）及其他人一道，当时及往
后都时常在湿滑路径或凶险区域穿梭，却看不见个中联系和大
局配置。这股女性力量的爆发通过行动和实际斗争得到了印证，
而且开辟了一条激进的新道路：身体难道不该回到人们的视野
中来，取代知识，从而构成颠覆的根基和要素吗？如今的女性、
年轻人和劳动者及未来的不劳动者，他们难道没有构成那副完
整的身体，那副终究会进行干涉的身体？根本就不干认识论"全
体"（corpus）[1] 的事，也不干社会地（体制地）构建起来的"身
体"（corps）的事……

　　同时在家庭和婚姻契约中得到加固、达成妥协的两性关系，
不足以用来解读国家。即便马克思所说不假，那就是人们不可
能在不消灭家庭的情况下消灭私有财产，前者难道就是维持后
者的充分条件吗？社会性生产过剩（让我们再说一次，这是剩
余价值在整个社会层面的体现）该如何提取？这样的生产过剩，
对于现代社会来说体量巨大无比，如同美国的资本主义一般庞
大，它究竟如何可能、如何表现、如何分配？谁来分配？分配
给谁？怎么做？如果个体和群体（性别、家庭）的从属关系对
于解释如此安排有所必要，那么它们也并不充分，因为劳动的

70

1　拉丁语，字面意思即"身体"，又指"文集""语料"。它也是法语"corps"（身体）的词
源。——译注

社会分工甚至对生物关系与（两性）生理关系产生干预。孩子的问题，不管是拒绝生育，还是给予其生命与教育花费，依旧是首要问题，即便在两性关系中也是如此。

在此，该理论依旧面临着简化操作与向外推演的问题，它只是局部的真理，一旦试图用在整体身上，就会变成谬误。女权攻势尽管拥有才智杰出的一面，却还是只能以含糊不清的结论告终，或者仅仅如同人鱼之尾般带有蛊惑意味。

这也是道德和"价值系统"面临的问题，抑或是该系统推动的大众传媒与信息，抑或是视觉图像中呈现的"景观现象"。这所有现实的集合（或子集）对于解读一个社会反复逃过直接崩溃的命运也是必要的，但并不充分。因为这些现实本身就需要一种解读。当然，确实需要赋予对这些现实进行系统化研究的工作一定的重要性。电视的属性并不在于把信息（毫无保留地）传达给大众，而在于首先通过那面小小的屏幕，把观众简化为纯粹观照的消极被动者。与此同时，它刺激起一系列智力活动（接收信息并解码），这意味着头脑必须接受该网络、该"渠道"，因此接受其支配整个社会的方式。这是法国的居伊·德波（Guy Debord）在其作品《景观社会》（*La Société du spectacle*）中，以及美国的麦克卢汉（McLuhan）[1]在其众多作品中，以各自的方式得出的判断。然而被德波描绘并加以批判的世界的景观现象化——麦克卢汉则称之为"再度部落化"——除了

---

1 此处系作者笔误，麦克卢汉是加拿大人。——译注

能作为一个更广大、更具强制性活动的工具或手段，还能充当
别的什么？我们只能将它们称为某种姿势或"比划"。它们受
到现存"现实"的支配，甚至任凭其中断行动，这些身体的姿
势对于维持该现实难道是充分的吗？

发生核心的理论，即便在最好的情况下，也偏离了我们的
战术性关注重心。人们告诉自己，正如在那些最发达的物种机
体内一样，社会当中也会存在一个或若干弱点。任何人只要击
中这样的关键中心，就有可能导致现存社会瘫痪，消灭统治阶
级。"极左运动"中如今就有这样的倾向，他们把击中弱点的
任务寄托在以专业机构和"接待结构"作为中介的外国劳动者
及这些劳动者与（法国）资本主义的关系上。从政治上说，相
对于"极左分子"其他论述，这倒是个最聪明的理论。事实上，
这样的"外国"劳动力与法国工人阶级（包括女性在内）的关
系包含着该阶级最受剥削与最受侮辱的要素，这是个非常普遍
也十分重要的关系。在所有重要的资本主义国家中，都存在这
样的关系。不幸的是，在实际经验中（但在政治上管理得当），
这样的神经痛点似乎并不是社会的特别弱点……

在寻找"全新生产者"的努力失败过后，不是正应当控诉
知识或"文化"、语言吗？我们之前曾从总体回到特例，如今
让我们重新回到特殊的总体吧。

不止一位"专家"会觉得，我们控诉知识拥有如此社会化
与政治化高效性的举动令人惊骇。"中立主义者"的论述是，

知识高于社会、高于阶级，它甚至是社会与阶级的引路人。这类论述并未远远地消失，它的长存全靠与之相反的论述支撑：所谓知识反映的只是（阶级）意识形态。该理论认为，如此这般的知识，即便在其推动并嫁接于自身的意识形态与表现形式之外，不管它是认识论还是专业知识，不管它与实践还是技术相联系（精神分析学、城市规划，等等），确实都能够发挥社会与政治作用，该结论来自法国从 1968 年前后开始持续数年的体制批判。脑力劳动分工如何在社会劳动分工（也就是市场）之外持续下去？它如何根据社会分化（也就是市场压力，或更确切地说，市场的种种事务）之外的纯粹的劳动技术分工，自发地定义自身？这套傲慢的技术官僚制理论难以自圆其说（就算阿尔都塞为其辩护也没用），无法回应针对它的批判或事件。源自工业时代以前的、老式的、人文主义的百科全书式大学业已消失，根据现存社会做出了改变（难以否认的是，这种改变与法国那种困难的民主政治并非没有发生任何冲突）。

　　大概可以这么说吧，如此这般的知识已经公然成为现存社会的脊梁了，昨天它还接受某种谨慎的态度，明天它就有本事扮演公众角色。知识，确实像马克思确认了无数次的公式那样，变成了直接生产力（不再经过任何中间人或媒介）——这又如何会叫人惊讶？"纯粹"知识，它甚至可以说变成了（秉持技术官僚制的）国家资本主义的核心和中轴，同时也变成了（秉持技术官僚制的）国家社会主义的核心和中轴。知识作为"真理世界"，给它们提供了共同的手段。它保证一个善于操纵的社会（操纵社会中的人、需求、目标和结果）过渡到另一个善于更巧妙地操纵的社会。它也在超越了生产方式的层面之上，给诞生于这种生产方式的生产关系的再生产提供支持。当然这只是战略层面的一项假设……

这种以"纯粹"自发性的名义对一切知识（全体知识，而非仅仅是自诩为"纯粹"的知识）的拒斥已经达到了新式野蛮的程度。关于批判知识的知识与关于知识批判的知识之间的关系是如此重要，以至于我们需要用较长篇幅提及它。绝对知识的拜物教粉碎了"生活体验"，而生活体验与即时性也试图挣脱这种知识的束缚，却没能成功。一种平衡这两个极端的运动必须让位于一个制订得更好的方案，一条理性野蛮与非理性野蛮之间的文明之路。

然而，如果不去理解语言和话语，又该如何定义、评估、定位知识呢？当代思想用一种本末倒置的方式来处理这一问题。它通过建立语言学（及其附属学科：语义学和符号学）、使其作为绝对知识、以绝对知识的名义从日常语言中提取其中包含的相对知识，从而让话语从属于知识。然而真正的问题却要颠倒过来：把"纯粹"知识作为语言案例和话语案例来检验。只有尼采准确地提出了关于语言的问题，他的出发点是现实中的话语，而不是语言的"模型"，他从根基上就把语义与价值联系在一起，把知识与权力也就是"强权意志"联系在一起，

73

因为事实上所有权力都把"价值"集中起来，利用它们，操纵它们。索绪尔以降的法国"现代"思想尤其轻率地走上这条道路，它将语言系统化，相应地在语言研究的基础上建立了哲学的系统化。对这类语言理论家（例如，米歇尔·福柯）来说，其研究证明一种抽象系统确实存在。在这个抽象系统内，"我们"仰仗它而社会地存在，通过话语进行交谈。对于其他人来说，言语并不充分，人们还需要借助文字、笔迹、图像，等等。

　　然而这样的分析几乎将某种预设变成了确定无疑的事：话语（以及内在于所有日常或专用话语的知识）在（未经思考地、"无意识地"、受到误解地）延续社会与政治关系上扮演着重要角色。然而这样的真相从未或几乎从未经过澄清。也许所有专业科学在面对真理与这些科学发现的理论概念时，都会经历一定时期的犹疑。在真相的谴责面前，这些"专家"就会变得慌张，就会退缩。为什么往后跳？是什么使得他们退后？由于缺乏一种知识批判（对于所有不放弃这种知识的人来说）。这些知识缺少的是联系，那种普遍层面上知识与权力之间的联系。科学精神看不到的是语言和话语如何依附于权力并维护权力，那些专门研究语言和话语的科学尤其看不出这一点。正如所有机构一样，话语和语言具备综合价值：它们推动着需求和欲望、诗歌和意识形态、象征和概念、神话和真理，同时也为（国家）权力的存在条件及其符号、关键词提供给养。它们也因此为生产关系的再生产作出了贡献……

　　似乎**权力**的领域和手段是禁止（interdit）——含义十分强烈的那种禁止（défendu）——因为它在说（dit）与不说（non-dit）之间，因为它是中介（inter-médiaire）。权力的面纱因此不曾揭开。人们因此诉诸神话，并给批判思想分类（根据福柯的分类，马克思主义归属于知识考古学范畴），将它放在架子上的某个地方，贴上"19世纪"的标签。人们埋首于"主体""**人**""**本体**"（On）[1]。之后，人们用此类发现之噪音充塞回声，却发现不了自己已经碰到的东西。人们感到害怕，而这是最不可原谅的害怕：精神上的恐慌。

　　如果不去攻击神圣不可侵犯的**文化**，又该如何责怪知识，又该如何归罪于语言，又如何能认为它们肩负着异化与剥削、依赖与服从的社会关系——在某个濒临崩溃和解体的"历史"时刻——得以重建的重责？然而文化就像意识形态和话语那样，自己本身什么也做不到，不论是精英文化还是大众文化。文化消费，不管是其艺术性的过去，还是如今的"新"文化（新现实主义、新造型主义、新古典主义，等等），一旦缺少物质商品的消费，对社会政治就没有一点儿影响。拜访垂死威尼斯的那些游客也是去消费艺术的伟大时代，在观赏风光、品尝美食与意大利美酒的同时，他们也会大肆购买穆拉诺岛上的玻璃

74

---

[1]　希腊语，其属格"ontos"成为"ontologie"（本体论）的词根。——译注

厂批量生产的 "媚俗" 工艺品。前往卢尔德的朝圣者，同样将旅游观光跟拜访奇迹岩洞与加瓦尔涅同时进行。[1] 多动能活动掩盖了功能不全，因为后者最多只危及一项功能。

9. 因此不可能单独攻击文化或话语、或知识。我们只好再次回到整体上来。我们证实了最开始的怀疑：**总体**过去是、现在也是被误解的对象。在**总体**和**系统**之间进行的同义反复的定义扰乱了思想。系统只有在最后才能完成，因此它是行动的对象，战略的目标。它是事后生效的，而不是事先呈现或随之表现出来的。在什么层面上生效？在**权力**的层面上，因此也是在国家的层面上生效（而不是在一个思辨的总体的层面上）。"战略"意味着什么？一个日常概念，"力量关系"不足以替代它，因为该关系处于战术层面。总而言之，**战略**不是某个天才**"主体"**——元首——所接受的概念，也不是某个已有教条的**系统**的具体应用。它永远是个一连串偶然和特殊必然性带来的结果：种种不对等的力量交锋而后分化为两个敌对阵营（如果有第三个派别出现，情况就会变得愈发复杂）。不同派系的目标、利益、意志和代表投身于斗争之中，派系领袖的观念也相互缠斗。由上述关系作为整体而产生理论上的单位，即局部行动的视野，尽管对于参与者的思想与意识来说是有可能或不可

75

1　卢尔德和加瓦尔涅均位于今法国境内奥克西塔尼大区上比利牛斯省，前者有据传圣母显灵的马萨比耶勒岩洞（即文中的 "奇迹岩洞"），后者位于联合国世界文化遗产 "法国圣地亚哥德孔波斯特拉朝圣之路" 上。——译注

能理解的，但他们依然无法把握总体印象——这就是克劳塞维茨（Clausewitz）所说的**战略**。参与者"因子"的意图与行动在经验主义和机会主义之间摇摆，一方面是即时性的，另一方面又停留于更高的概念即战略层面上，因此永远都无法全面认识整体，因为整体只在其总体性中，而不在理论分析中呈现。

关于生产关系的（显然的）持久长存，到底应该归咎于什么？是作为立法者、契约与机构系统的组织者，至少从表面上看来永远有待完善的国家，还是作为掌握军队、警察、"特务机构"的镇压力量，在其使暴力成为可能的部署之外，仅仅因为其存在就可以起到压制作用的国家？如果将二者割裂开来看，那答案便是否定的。应该归咎于二者的结合，既是现存秩序的补充因子，又是其守护人。即便在社会主义国家中，镇压力量都不充分。如果没有镇压力量，立法能力和维护契约的能力就什么都不是。国家拥有两个组成部分，两只手，两个武装好的拳头。在政治国家的层面上，战略思想得以栖身，并利用行动者手头的经济、社会、意识形态和政治力量，要么用得好，要么用得糟，要么有意识，要么无意识。普遍战略不到最后关头不会出现，要么是一连串危机发生，一连串党派决出胜负过后；要么是接二连三的事件到来，一方征服与一方败北，也就是一系列输赢得失、瓜分战利品过后。资本主义在这个层面上下注并获胜（直到如今），事先并不占据碾压其对手（无产阶级和社会主义者）的优越性，并无任何理论或与"科学"相称的普遍概念，但它能够实现"优化"，也就是能够完成自身权力的有效配置。当然，此处的战略术语"优化"纯属讽刺，因为战争（帝国战争、殖民战争、内战，等等）也是其"进行优化"的一部分！……

关于战略的理论和分析能否作为科学和政治的衔接环节？这样的建构要求已经预设知识和政治能够长久保持"结构性的"分离而存在下去。因此我们从此刻开始要寻找的不是什么中介，而是占据旧式哲学地位的，或通过取得其头衔而使旧式哲学长存的一种联系。如此，哲学家就要将政治和**政事**引介给科学（和专家们）！这种"引介"足以让这一论述站不住脚。什么是政治？也就是寻求**权力**、巩固**权力**和建制秩序的手段。然而马克思主义的政治意味着批判一切政治和一切国家：目标是终结它们。把绝对政治引介到绝对知识中去，这是马克思主义思想要从根本上进行改变和摧毁的。战略身处知识之巅，作为实践与理论的衔接，并不能替代哲学，也不能作为其补充，更不能延续它。这是另一种眼界，一方面对知识进行彻底批判，另一方面则是批判权力，最终及最重要的是揭露它们的关系和冲突。

那么工人阶级该如何战略地进行干预？它毫无疑问是反资本主义和反帝国主义"阵营"中最为壮大的队伍，然而它的分遣队和派系却分配得并不均匀，在质和量上都完全多元。它没有任何恒久不灭的参战志向，它的态度也随局势而动。什么时候它变得与现存关系融为一体，甚至成为"发生核心"（或成为与资本主义整合起来的"发生核心"），也就是成为生产关系再生产的基础，都未可知。就算工人阶级拥有自己的代表性组织、工会或政治集团，这种情况都有可能发生。一切取决于时机与实际状况：局势。

即便如此，工人阶级依旧抵抗着资本主义，并展现出其不可渗透与不可简化的品质。而且工人阶级并不是独自战斗，即便在它被孤立起来的情况下，它身边始终围绕的不仅仅是农民，还包括外围群体——相对于工业与城市中心这些成为统治阶级战略思想根基的地方而言。马克思指派给工人阶级的任务落在了这个全世界无产阶级集体身上：否定现存的东西、被解构的东西（字面意义）或"结构被破坏的东西"，目的是进行随后的重建与彻底转变。

与某些工人阶级至上主义（ouvriérisme）的想法不同的是，工人阶级在世界范围内对延续剥削和支配的社会关系负有不可推卸的责任。然而它并不因此就有罪。我们没有权利要求其他社会阶层和阶级接替它，从而完成工人阶级未能完成的"历史使命"。工人阶级从全世界无产阶级中脱颖而出，后者包括破产的农民、一部分"无产化了的"小资产阶级、一个自由派知识分子和职业人士的派系，甚至还有"流氓无产阶级"。工人阶级，也就是无论按月领薪与否、不论上岗或失业的"劳动者"，的确无法逃离以结构之名身处的局势。然而，如果没有工人阶级，"反资产阶级"阵线就无法持续，也就不会战略地存在了。

77

因此结论在于：工人阶级没有演好马克思在其部分著作中指派的历史角色——不可阻挡的普遍否定与超越——这并非由于战略阵线的退缩，恰恰相反，是由于战略阵线在世界范围的扩张。

该分析表明，生产关系不在企业、劳动场地和劳动关系中进行再生产。因此之前提出的问题应该这样问才全面：生产关系究竟在哪里进行再生产？

10. 自从19世纪（竞争性）资本主义在迅速展开工业化过程的国家由特定统治阶级即资产阶级建立起来，它到底由什么组成？由数目有限但足以占据决定性经济分量的大企业组成，在不同国家，这类企业的数量有多有少。在这样的巨型生产单位背后形成了数目远远超出它们的依附企业，它们对大企业的依附性要么是经济的（订单），要么是金融的（投资）。众所周知，大型工业和主要银行早已局部相连，即便在其统治阶级内部存在着派系与斗争。

让我们把回溯检验的范围限制在法国。整个19世纪，法国大部分地区还以农业为主，农产品的生产推动了整个前资本主义时期的手工业、制造业和工坊生产（即中小型工业），而资产阶级统治维持着传统资本主义的模式，其本质是商贸。外省地区实际上免受工业和银行业资本主义的控制，有些甚至已经走上了"欠发达"的路向。而大城市尽管完全受到大资产和大工业的侵袭，但在19世纪也依旧是"历史城市"。只有巴黎与众不同。一个"郊区化"和"游民化"的过程在巴黎外围滥觞，尽管发展尚且有限。

这种关于受大资产阶级支配的大资本主义和工业如何在前资本主义那已经不平等的增长基础上建立起来的历史回顾，如果只考虑经济因素，那就是不完整的。

还要考虑文化吗？还是知识？或是相关机构，包括大学（和人文学科）？抑或是学术学院？在当代法国，这一漂亮的"文化"总和可以追溯到17、18世纪，在某种程度上，也就是在农业时代和前资本主义时代将促成资产阶级崛起与（资产阶级民主）革命的有利条件。人们还可以进一步说，尽管有过"现代化"的努力，但政治机构过去如此、现在依旧如此——很大一部分都是这样。对"子系统"进行细化检验，即便在今天都会反映出某种奇异的混杂，这种多样的、过时的、承载着不同编号的碎片错综复杂，其中很多都已经被抹掉了。这就是从总体上重铸了一切构成法国整体的子系统与机构的（技术专家政治乌托邦的）伟大梦幻。大型工业的火车头，直到如今还拉着过时了的车皮。

还要考虑休闲？同时作为概念和现实的"休闲"，只有在人民阵线中才被发明出来。在此之前它在哪里？它曾是古老美好的娱乐消遣和艺术享受、传统节庆、宴会与化装舞会。对于资产阶级和一部分中产阶级来说，它曾是"度假"。

还要考虑日常生活？穿着打扮的方式、一日三餐、住所与家居的形式，都如同其他社会生活的方方面面一样过时。烹

79　　饪、居家和衣着都直接表现着当地传统与国民风俗（大资产阶级除外，因为他们掌握"现代风格"，也就是异域风情、高级定制和时尚）。看一眼这些关于过去的记忆是如何得以驻足的还不够吗？这种法国社会中（及其他社会中）的过时现象不属于经济或社会增长理论的范畴，也不能仅仅用落后来衡量。它是关于（发展）不均衡的普遍理论要考虑的东西。这些脱节、扭曲和其他"紊乱"，与一种错乱控制当中各因素（技术、人口，等等）的社会是内在一致的。在这样的社会中，这些因素"被授权"施展其影响，而大型工业作为一种粗暴的力量，其转变性的功能激发出不同的，有时是相反的效果。

　　为何回顾这如此稀松平常的一切？但为了重建，资本主义的转变过程显得不再平常。回顾资本如何集中，如何升级至金融资本就够了吗？还有帝国主义的突发和失败？不够。说大型资本自我"整合"或"超定"了它自己之前的社会实践内容的组成要素就够了吗？不够。这些社会要素由大资本主义转变，为其所用。农业时代延伸至全面工业时代的残余被摧毁（只剩下过去时代的内在条件，也就是土地私有制）。资本主义不光把过去领域和外部领域纳入麾下，它还生产出新的领域，并通过彻底颠覆相应组织与机构而改变先前的领域。同样的事也发生在"艺术"身上，还发生在知识、"休闲"、城市和日常生活现实身上。这一宏大过程一如既往披上掩饰了意识形态的外套。举例来说，为了破坏从前的作品与风格并将其转变为生产与消费的"文化"对象，资本主义生产假装修复和重塑它们，进而生产出这样那样的"新式"精英潮流与高品质产品。

成为（生产关系的，而不光是生产资料的）再生产场所的不仅仅是整个社会，还包括整个空间。由于充斥着格局化的新资本主义，空间被简化为一个同质而七零八落的中心（只有被弄成碎片的空间可以供"顾客"消费），空间成了权力的总部。

成为（生产关系的，而不光是生产资料的）再生产场所的不仅仅是整个社会，还包括整个空间。80

生产力为占据它的人所用，以掌控空间和生产本身。生产能力从地面空间延伸并走向太空。自然空间受到摧毁，转变为全部技术整合运作下的社会产品，后者从物理技术发展到了信息技术。然而这样的生产力增长会不停地产生特殊矛盾，矛盾也会再生并加重。一方面，这种增长破坏自然，改变物质空间；另一方面，（土地，也就是自然空间）私有制将生产力带回往昔过时了的框架，也就是农业生产与乡村"自然"的框架。

对法国休闲空间——比如，地中海海岸（不仅仅是分裂开来的乡村或俱乐部这样的休闲单位）——进行简短的批判分析可以作为头一项演示与证据。这一分析证明了该空间如何实现生产关系的积极再生产，因此为生产关系的持续和巩固作出贡献。从这个角度看，"休闲"在生产的资本主义化组织与其对整个空间的征服之间充当过渡阶段，建立联系。

休闲空间是巨大的投机对象，管理糟糕，很多时候得到国家的协助（国家是道路和交通网的建设者，并直接或间接地为金融业务充当担保，等等）。地中海海岸的空间被高价卖给百无聊赖、为都市所扰的城市居民。该空间简化为度假、归隐、养老等直观属性，然而即便是这些属性，它也会很快失去。它是严格等级化的，从大众休闲场所到精英专属之地，从公共浴场到伊甸豪海角酒店[1]，等等。休闲也因此进入社会劳动分工，不仅因为休闲使劳动力得到恢复，还因为休闲本身也是一个体量庞大的产业，对空间进行分化与商业化，属于投射于土地之上的社会劳动分工的一部分，进入普遍规划的领域。这个国家因此拥有了新名片、新面貌和新景象。

81

社会空间成为政治空间，一方面进行中心化，在政治中心集聚；另一方面也进行分工化，逐步特殊细化。国家确定各个决策中心，并将它们固定下来。与此同时，空间分散到等级分化的中心外围。也是在同一时间，空间成了碎片。自从工业生产与消费被确定下来，殖民开始普遍化。在中心周围，至此只存在被强迫固定、被剥削与产生依附的空间——这就是新殖民主义。

这样的新普遍性的意义与目的（不论有意识与否），就是社会关系的再生产，胜过即时利润与生产增长，它与这些关系中深刻的质的转变相伴。支配关系一开始就支撑着剥削关系并将其加固，它们成了内在的、中心的。向往强制力（镇压与使

1　创始于 19 世纪末的豪华酒店，位于法国普罗旺斯—阿尔卑斯—蓝色海岸大区滨海阿尔卑斯省的昂蒂布海角，一个多世纪以来频繁接待各界名流。——译注

用暴力的能力）的意志超越了对金钱与利润的渴望，也超过了对正利润（最大利润）的追求。经济与社会法则失去了马克思所描绘的物质的（自然的）一面，因此变得盲目而自发。不管是否在契约的掩饰下，这些法则都越来越富有抑制性。

在这里，从理论层面探索的（比说发现的要好）整体战略建立了一种新的总体性，各种要素体现在其中，同时是整合的与分离的：在量化与权威的空间中整合；在碎片化的空间中分离，同一种权威透过其权力从中分分合合。当中有被简化为计划好的消费的日常生活，技术的发展为之打开的可能性遥不可及。当中有被简化为碎片的城市，在国家式的中心周围集聚。当中还有被抑制力量简化为同质的种种差异。

这些定义坚决反对对它们进行简化、从逻辑上否定、从实践上限制，然而它们无法消除这样的简化、否定和限制。它们正是在这样的简化中确立了自身。倘若整体空间成为（生产关系）再生产的场所，它同样也成为无法准确定义的广泛争端进行散布并到处创造自己的中心的场所。这样的广泛争端不会消失，因为它是流言蜚语，是欲望中心的阴影，是对某种可以伴随它通过经济增长和（资本主义或社会主义）国家、市场来占据整个世界的东西的期待。

幸好在关于空间的矛盾中有一个凸显出来，阻止了上述占据与普遍殖民在国家资本主义与国家社会主义之间进行的巩固，这就是相对的矛盾，时局的矛盾，既轻也重，随时势而动。

82

对此既不应估计过高，也不应估计过低。这样的矛盾对应的是不同的战略，扰乱整体稳定。如果没有这一矛盾，生产关系的再生产就可以进行日常变迁，不会（不再！）出现任何问题……

战略的矛盾，即争端与生产关系的扩大与巩固如影随形，争端从不停止对这些关系进行损害。这种如影随形，与意识形态和知识的关系，或与谬误和真理的关系还不一样，还要复杂。关系的巩固需要中心，还需要把中心固定下来，使其（在社会上）成为不朽，使其（在心理上）专业化。然而争端又会突然生硬地以上千种形式在这里那里爆发，从反抗社会某方面的口头抗议到罢工，从游击战到准备充足的大范围行动。创造性否定则建立起不牢固的暂时性中心，然后再转移到别的地方。

关于**权力**（维持依附与剥削关系的权力），我们能说它必须拥有一个战略层面上的"阵线"吗？并不是。这样的**权力**"阵线"不应再被定义为地图上的前线、地面上的战壕。权力无处不在，直接与存在本身相关。在整个空间里，权力无处不在！同时，它还存在于日常话语与表征中，正如它存在于警察的警棍与军队的装甲车中那样。它也存在于"艺术品"或"媚俗"物品中，正如它存在于导弹中。它存在于"视觉"的普遍主宰地位中，在眼皮底下对任何中心——学校、演出、议会——的设置中。它存在于物品中，正如它存在于符号中，还有物品的符号与符号物品中。它无处不在，因此也完全缺席。它的确定性存在于何处？**权力**并未将任何工具握在手中。没人说**军队**、

警察、探子、**背包叔叔** [1]、将军或间谍就不可以罢工，不可以叛变，不可以为了掌握权力而背叛主子。简直是莎士比亚式的悲剧！权力越巩固，它反而越害怕。它占据空间，空间却在它脚下震颤。厌倦的毒药是权力悲剧性的另一面，它渗透于整个社会空间当中。

　　从权力自我实现与自我展现的场所渗出的是厌倦：针对警察局、军营和行政大楼的厌倦。**权力**以若干方式瓦解，有时候是因为厌倦，但注定都在厌倦中完结。然而权力还有本事把自己的领域扩展至每一个个体内部，深入个体的意识尽头，进入隐藏在主观层层叠叠的结构下面的"域"（topies）里头去。"主我"（je）对**宾我**（Moi）发号施令，**自我**（Ego）朝**它我**（ça）发号施令。必须这么做！如果自我要建立人格，它又怎么可能不控制这样的冲动，不给自身施加一点儿秩序？必须这么做，然而这种必要性导致的是权力的关系；它把权力的关系放进语言之中。**人格**的实际"结构"以自己的方式对社会关系进行再生产，并将其引入即时关系当中——家庭、婚姻、性关系、家长与孩子的关系、"高级"与"低级"的关系。有心的监督可以探测到这些状态，而不是绕开它们。（精神分析学在这方面天赋过人：在探测道德秩序对生活即"内在"有意识或无意识

83

1　指由海地总统弗朗索瓦·杜瓦利埃创建的秘密警察部队——国家安全志愿军，因身穿红蓝制服并背着名为"马库特"的斜挎包而得名。在海地，家长会用"背包叔叔来了"一类的话来恐吓顽皮的孩子。——译注

的入侵方面，它十分警觉，运作良好。）

　　在法国，外省与"外省化"问题像休闲问题一样，体现了在全国层面的空间战略。而该问题也出现在世界层面，在意图把握一切事物和一切问题的集中化的国家，这样的问题随处可见。在法国，该问题是依据历史数据提出来的，它产生于雅各宾派和吉伦特派的斗争。我们必须进行去中心化，疏通政府机构。人们并未精力充沛地开展这项重要的、在质疑国家层面上甚至是革命性的改革，而是礼貌谦虚地以外省、那里的显贵与他们的愿望为目的开展一系列行动。事实上中央政府的规划只有一个目的：卸下它们的一部分职责并将其下放给地方或省级机构，与此同时不干扰权力机制的正常运作。对于"左派"来说，由于他们是"雅各宾"，人人都必须为了集体而否定这项政治图景，因此去中心化不可避免地被拖延、被错过、被排除，84 法国再度（在"新社会"的标签下）陷入停滞。至于空间，它越来越明显地成为中心和某种越来越有意识而凶险遍布的战略关键，这将在巴黎周遭按等级划分出或多或少受到偏爱的区域，这些区域注定会有一个广阔的工业和城市前景，或正相反，注定会衰落（遭受控制，被严格监视）。

　　另一个在体现这一问题上更具高度意义的例子是建筑业，它是一项专业实践，局部而具体地与日常生活相关联。社会要求迫使建筑业以使社会获得便利的方式实现空间，也就是在"反映"社会关系的同时尽可能地将其隐藏在装饰下面（如果破费不是太大的话）。建筑业在对宏伟奇观的追求与对"宜居条件"的嘲讽之间晃荡。在宏伟的建筑中，借鉴于过去的风格与对技术的展示都在试图掩盖呼之欲出的建筑原本的含义：它们是**权力**的场所，政府的中心，是集中反映自身的场所，高高在上，无比透彻。**阴茎**与政治结为一体：用垂直巨物象征**权力**。以金属和水晶打造的透明，空间成全了权力意志的诡计。至于"宜居条件"，它进入对支配性空间的修修补补当中，如此明显以至于不再需要任何批判分析。

城市空间和建筑空间回应着社会要求，包括社会"支持者"的要求与"权力"的要求。这样的空间因此公开而积极地为社会关系的再生产作出贡献。这是规划好的空间。奇怪的是，建筑师几乎无法从这种规划中解脱出来，即便他愿意自由创作，也相信自己正在进行自由创作。他当真拥有所有自由创作的资料：为了某项特定的要求而"自由地"生产空间。为什么想象如此无力？为什么它受到了阻碍？毫无疑问是出于简单而深刻的原因。数世纪以来，建筑师都在用隔板把空间隔离开来，使其摆脱自然的束缚，然后借助有利于建制秩序的手段，在这一空出来的空间中填充宗教和政治的象征物。然而今天，建筑师必须生产摆脱权力束缚的空间，使之与从约束当中解脱出来的关系相适应。可是既然压制与约束在整个空间中运行，它们便按照自己的方式塑造空间、填充空间，并生产出特定的、不如说是特殊的空间：既同质化又碎片化，视觉的，粉末状的。建

85　筑师无法从中解脱出来，他的规划绘制实践不行，他的想象也不行。社会关系也受到约束与限制，除非发生叛乱、争端或革命。除去这些有限的情况，社会空间总是属于**权力**。

日常生活有特权承担最重的职责。如果**权力**占据着它自己孕育的空间，那么日常生活就是脚下的土地，在它上方层层叠叠堆砌起政治与社会的宏伟建筑。这样有趣的特性不会使其摆脱含糊性——贫穷与富裕的混杂。在日常生活中，不可忍受与愉悦之处相互混合，正如不适与满足相互混合。幸福很快变得不可忍受。具体的东西变得抽象，抽象变得具体。

我们说，生产关系的再生产在再生产根本矛盾的过程中扩大，关于幸福与厌倦的矛盾逐渐变得深刻，像一道化脓的伤疤。

把厌倦引入理论与政治，多么乌托邦式的想法！伟大的积极的心灵会哀叹，现实主义不再！对于他们来说，厌倦不是问题。实际上，我们在这里也不会深入讨论现实的厌倦与承诺的幸福之间的有趣对照，我们讨论的是空间的矛盾。这些矛盾中最为显著的那个难道不是一点点显现出来的那个吗？作为整个空间的组成成员，身体正在与自己作对。为什么？因为身体不会允许自己不通过抗议就被解除成员资格，也不允许自己被分成碎片，被剥夺自身的节奏，被简化为清单中的种种需求、图像和专业分工。在**权力**的空间与话语中，身体既不可简化，又具有反叛颠覆的气质，它拒绝剥夺自身和令其难以忍受的关系的再生产。比起身体的现实，还有什么更加脆弱、更难免受痛苦？又有什么比身体的现实更加坚韧？我们对身体的潜力毫无概念（斯宾诺莎）。身体是需求与欲望的来源，表现与概念的根基，哲学的主体与客体，更有甚者，身体是一切整体实践与一切再生产的基础，而人类的身体抵抗着压制关系的再生产。就算不是正面对抗，也有迂回的方式。身体的确脆弱，但如果不经由屠戮，社会性的身体就不会灭绝。肉体与世俗的身体正处于日常生活当中。所有诉求与得救的答案正是这个**身体**（Corps），而不是什么**逻各斯**（Logos）或"人类"……

我们要在日常生活与身体之间建立联系，展示脆弱性如何为此二者提供了特权，使它们不仅成为负载弹药的见证人，也成为防御与进攻战场的见证人。针对专门知识的本质批判最后都要回到这上面来，不管它针对的是经典政治经济学、社会学，还是从历史学到传统哲学的一切知识（后者是对非专业性进行专门化的知识）。

86

知识因此重新成为一个含糊的整体了吗？不。因为它无法放弃那种加以识别与区分的姿态。然而紧随方法论区分的是认识论者，是他们为方法论的区分提供了依据，同时制造了障碍与死胡同。就像社会一样，知识也具有淘汰过程。"纯粹"知识的独裁与拜物教，随着**眼睛**与**菲勒斯**主宰的知识，随着**权力**主宰的知识在某个具体空间得以实现，如此这般"真理"的独裁自行化作粉末而崩溃。土地因此空出来了，土地上面得以建设适宜的思想与社会建筑。

再生产源自战略而非原先存在的系统——如果这一判断准确，如果再生产确实试图建设该系统而不是批准其存在，那么"现实"就不可能自我封闭起来。这不是一个没有入口的现状，除了整体崩溃，也不是没有别的出路，因为矛盾本身也在自我发展，尽管这样的发展并不均衡。最后，理论概念依然可以避开系统，就算它生自系统，也在系统中发展壮大。关于空间、日常生活、城市和差异的概念并不属于系统，也就不属于由战略支配的空间、规划好的日常生活和同质化过程。当然它还是需要先从系统中解脱出来！

至于知识，这里的分析使它能够避免二选一的困境：要么是绝对的知识（固定在"核心"中），要么是粗暴的否定（指向意识形态的伪知识）。批判的知识与知识批判给知识定位并使其相对化，这样一来，知识就不会被确立为规范和标准，批判的知识与知识批判因此就可以拯救认知活动。

为了对全文进行总结，最大程度明确观点，我们可以说：

1) 发现问题的漫长过程具备客观与主观的条件。除非揭开起到隔离作用的面纱（表象、"表现形式"、意识形态，等等），否则新要素不会呈现；

2) 单纯惰性与心照不宣的重建不可能带来社会关系的再生产。如果没有改变，这种再生产就不会实现。前者既排除了组构而成的生产方式（系统）内部的自动再生产过程。也排除了某个"发生核心"的直接效应。矛盾自身也在进行再生产，它们并非一成不变。旧生产关系要么退化，要么瓦解（例如，城镇、自然的一切与自然本身、国民、日常生活的不幸、家庭、"文化"、商品与"符号的世界"）。其他关系以再生产内部包含着社会关系生产的方式建立（例如，城市、日常生活的可能性、差别）。这些新关系在不断瓦解的旧关系当中产生：先是在否定与绕开旧关系的情况下表现出来，一副自身条件与前辈终结者的模样，后者则试图从它们背后开冷枪并阻止它们。这就是扩大了的矛盾的特定表现。扩大到什么地方？空间里，世界上，直至全世界；

3) 过渡时期？不像马克思计划的那样，它没有跟随政治革命而来。它发生于政治革命之前。这种情况迫使我们为新社会提出一个普遍的具体的方案，它在质的方面完全不同于以往。该方案要远远超出针对（作为生产单位的）劳动的相对性要求，超出单纯从"质量上"改善生活体验。这样的方案如果不召唤所有认识与想象的资源，就无法制订。它本质上讲是可以修正的。它有很大可能性会失败，因为从战术上看它并不拥有任何社会效应或政治力量。新"价值"不作强制，它们只是自荐。

1971 年 7 月于巴黎

II 工人阶级是革命的吗？

工人阶级是革命的吗？这样的提问本身就带有挑衅意味。有人会说整个修正主义已经存在于该问题当中了。这个问题确实可以提得不那么咄咄逼人。可能应该这样问："工人阶级在什么程度上还是革命的？它在什么情况下可以保持其在 19 世纪与 20 世纪上半叶无可争议地拥有的革命能力？"诸如此类。

以这样的方式提出的问题底下还隐藏着其他二级问题，例如："为什么美国的工人阶级并未进行反资本主义与反帝国主义的大型活动？"因此我认为必须提出根本问题，不要怕这样的问题会带上挑衅意味。

似乎在定义某些术语方面还存在着迷思或拜物教——工人阶级等于革命；工人阶级等于无产阶级。更有甚者，人们要求工人阶级充当永久持续的革命的支持者；人们要求工人阶级每个早上都起来革命。

这个问题要求我们对人们所理解的革命和工人阶级进行更 加确切与细致的定义。人们如何理解革命？我认为，人们可以把革命方案细分为两种图景，其中一种我称之为最小限度革命，另一种则是最大限度革命（它并不等同于关于最低纲领与最高纲领的老式划分）。

最小限度革命持续将一致性引入社会关系，目的在于缓和或消除某些矛盾，以便保证社会更好地运转。最大限度革命——马克思在不少著作中对此有过介绍，尤其是在其青年时代的作品里——则是民族、国家、家庭、一切机构甚至劳动同时消失，包括被马克思称为作为人的人，也就是以某种方式局限于认定自身为个体存在的人的消失。最大限度革命：创造凌驾于一切之上的"总体"。最小限度革命：满足于社会关系中的某种连贯性与一致性。我相信，必须尝试在辨别这两种图景的前提下去理解革命的概念，并且将这一概念同通俗理解（更换政府、政变，等等）区分开来。

说到工人阶级，我们已经讨论过它的概念，说过必须区分不同派系与阶层，以及在工人阶级与无产阶级之间进行假设的身份判定必须经过非常仔细的检验。马克思一方面从工人阶级的否定性身份出发——黑格尔主义构思的那种否定性——另一方面则是这样的否定性与其建设全新社会整体的积极能力之间的身份。否定与肯定的辩证身份是青年马克思作品中的马克思主义思想的出发点。它强调否定性：彻底批判与几乎全面的摧毁。工人阶级的身份是普世的，它具备否定的，也就是彻底毁灭现存一切的能力，也具备积极的，也就是建设一个全新世界的能力。个中困难出现得很早，因为马克思很早就面临着那个著名的过渡时期的问题。为了设想这样的过渡，马克思试图建

构一个工人阶级作为历史主体的概念，这一概念与主体将投身 91
到实践中去，而且可能会接手过渡时期的所有状况。因此一开
始的时候是彻底的断裂，因此一下子从必然性迈向自由，然后
构想出过渡时期这样的概念，结果这段时间变得越来越长，也
越来越让人难以思考。马克思发现了出现这一情况的政治原因，
譬如，工人阶级与社会其他阶级或阶层结成联盟；他还发现社
会改变的条件来自国内，这些条件试图重新根据自己认识的革
命图景来重新整合国民；他发现最后必须制定一项纲领，而且
即便工人阶级像他所认为的那样是哲学的继承人，它可能也并
非知识整体的继承人。

在马克思从理论层面发现过渡时期的困难之时，工人运动
自身则在实践中发现了其矛盾。在我看来，必须把工人运动中
的一项矛盾作此解读：几乎在同一时间，出现了巴黎公社的反
国家社会主义，却也出现了拉萨尔（Lassalle）与德国社会民主
党的国家社会主义。

另一方面，在理论与实践交汇的地方，马克思发现工人阶
级有接受教育的需求，因为知识对于工人阶级来说不是内在的，
例如，作为阶级的工人阶级对社会的整体运作非常无知。正如
《哥达纲领批判》所说，一个自认为"代表"了工人阶级的政
党提出的纲领对整个社会的整体运作这一重要部分知之甚少。
发展得最好的德国工人阶级同样接受了要为其提供政治纲领的
政党传达的信息与实施的教育，却也没有意识到一个社会的整

体运作不光包含生产与劳动，还涉及教育、医疗、学校、大学，也就是一切社会组织。社会并不完全按照阶级的方式进行运作，而作为阶级的工人阶级却不懂得社会的整体运作和管理社会的方式，这就是说它不懂得该如何管理社会生产过剩，这一现实超越了工人阶级的能力所及。因此必须让工人阶级进行学习。

92 受到剥削的工人阶级同时承受着资本积累、作为一种存在的资产阶级和资产阶级秩序的重担。工人阶级因此是革命行动的基础，然而作为一个阶级，它也有自身的局限之处。作为阶级，它并未上升至社会总体的观念。工人阶级的自发性不可避免，时而猛进，时而复发，有自己的界线。工人阶级作出有效反应的特性是存在的，然而同样存在的是它的界线。

与政治要求比起来，经济要求倾向于落在后面，而后者的目标正是社会的整体运作，而工会格外具有这样的狭隘倾向（正如列宁反复指出的那样）。因此列宁主义看上去是反对工人阶级至上主义的。同时列宁也指出政治革命随形势而动的特性，这一特性是如此重要，与能够从上至下达成的革命目标相当。这当然很糟糕，然而不是每一项变革目标都能"民主地"从下至上达成，而它们确实有可能通过从上至下的强制来实现。必须有一种政治思想，使工人阶级有能力实现设计社会整体的目标；必须有一项整体分析与一个战略；必须有一个关于总体的概念。作为阶级的工人阶级并不是社会总体。

因此革命只能随形势而动，也就是在某些阶级关系中完成，这时农民与知识分子都进入这些关系的整体中来。工人阶级本身并不是革命的，也不造就革命，也不为自己革命。工人阶级的革命性本质或革命的自然属性并不存在。

我就不在此拖延时间讨论那些意在解决困难的努力了，特别是卢卡奇的尝试，我会直接进入对当代世界的分析。

关于现代世界，我们可以这样说，其中一直存在着工人阶级至上主义的倾向。这种倾向直接或间接地感染了各政党。这种整体上的退化是拉萨尔式的，而不是马克思式的。我认为，必须在理论思想、政治思想和当代政治中深挖这一概念，那就是不只有一种马克思主义，而是存在各种各样的马克思主义，尤其是其中独树一帜的拉萨尔主义：从一个世纪以前直至今日，发达国家的政治生活都留下了拉萨尔主义——较之其他马克思主义流派——在理论和实践上取得的胜利的标记。马克思本人的马克思主义，至今为止则是政治思想中的最大输家。在拉萨尔主义中，我们已经可以重新发现革命话语与强劲的工运中心主义演说倾向。比如说"工资铁律"！比起针对剩余价值的马克思主义分析，该铁律听上去不知道要更强劲、更伟大多少倍。在强硬坚定的演说表象下面，掩盖的是与俾斯麦协商的机会主义，是从上至下改变社会的尝试的同谋。

然而还有比这更严重的堕落，那就是过分强调生产。公认的设定是，工人阶级掌握着生产，生产也因此既可以得到增长，也可以受到中断。这样的工人瞥见革命性改变的可能性，要么通过中断生产（总罢工）来实现，要么则通过停止生产，造成全面经济危机来实现。

在我看来，这是一种关于生产的意识形态，与工人阶级至上主义相勾连。它带来各种各样的问题与分裂。总罢工？这在今天是不可能实现的，然而人们仍旧期待。人们希望经济危机要么明天就来，要么后天就来。在期待的同时，政党掌控着局势，通过接替阶级的位置来统治该阶级。然后人们对生产进行分析，人们总是回到分析生产上来，却越来越忽略了从根本上进行分析，分析社会关系的生产与再生产，它不同于生产本身，却与生产相关。带有资本主义社会特色的生产关系自身需要进行再生产。一个社会还包括社会关系的生产与再生产，而不仅仅包括物质的生产。以工人阶级至上主义与工人阶级的名义，人们放弃了这项分析。然而社会关系不仅仅在工人阶级行动、思考、自我定位的社会场所也就是企业内部进行生产与再生产。社会关系在意义最广泛的市场中、日常生活中、家庭中、城市中进行再生产，它也在社会剩余价值自我实现、自我分配、自我消耗的地方进行再生产，还在社会的整体运作中，在艺术中，在文化中，在科学中，还在其他地方，甚至在军队中进行再生产。社会关系要么自我再生产，要么自我破坏。因此重要后果其实并不只来自生产力水平或外部客观因素。在社会关系的再生产受到误解、控制，或支配这些关系的问题尚未提出的条件下，旧关系已经再生产——这似乎就是社会主义国家正在遭遇的事。新关系是无意识与盲目的产物。旧关系的再生产有可能越来越糟。在资本主义国家中，旧关系并不革命地转化，而是自我衰退。到最后，矛盾自身就以扩大化的方式进行再生产。

　　全球的工人阶级都对这一过程做出抵抗，然而它缺乏的是最终有能力将社会关系的再生产与内部矛盾导向某一方向的理论要素。经济在世界范围内持续增长，在资本主义国家与社会主义国家都是如此，它导致的结果却未曾获得良好分析。这样的增长不会阻止现存社会的瓦解，这是两件不同的事。不只有发展不均衡在发挥作用，社会关系也在缓慢腐坏，渐渐变得贫乏而盲目。知识、文化、城市，这些要素起到的作用也受到误解与误控，在当前条件下毋宁说成了瓦解社会关系而不是转变社会关系的场所。在对城市现象与内部矛盾进行的分析中，这一点十分明显，因为今天的城市既是旧社会关系的再生产场所，也是它们解体的场所；既是形成新关系的场所，也是新关系的矛盾产生的场所。这种瓦解阻止马尔库塞描述的单向度现象的发生。

　　工人阶级身边正在发生规模庞大的无产阶级化过程，正是后者造成了这一广泛的瓦解。当中的要素都是全新而相互冲突的。如果无产阶级的定义是在司法和实践层面都缺乏生产资料，那么无产阶级就影响着全世界：中产阶级、白领、破产农民和无法整合进入生产的人都在无产阶级化，比如，所有拉丁美洲国家的城市郊区就都发生着这样的过程。世界的广泛无产阶级化动态与工人阶级阵营固定的形象形成对照。有越来越多的青年和知识分子，有越来越多黑人和移民劳动者，无法在知识与生产资料之间建立联系。大型无产阶级化精确对应着最初的马克思主义观念，那就是被隔绝在生产资料之外的阶级有责任也有能力在某些条件下具备否定性，为了改变现状斗争到死。更有甚者，错过这些关系瓦解过程的工人阶级的确继续希望结束资本主义的剥削，但与此同时，它在现实世界中又构成了积极的大众，一个虽有不同层级但又几乎是同质的阵营。工人阶级的资产阶级化本身不是问题，因为它不是因为消费而资产阶级化的。它确实在抵抗。然而在全面瓦解的过程中，工人阶级却是个维持着相对一致性的阵营。就算它不接受资本主义社会，它所能接受的革命性转变图景也只是最小限度的，而不是最大限度的。在人们提议消灭家庭的时候，工人阶级不追随，然而消灭家庭正是革命方案的一部分。在我们的工业国家，那种斗争到死的阶级斗争已经不复存在，至少现在看来是这样，至少就形势上看是这样。人们因此拥有一个相对同质的、持续抵抗剥削的阵营，但这个阵营倾向于保守，排斥最大限度的革命，也就是排斥彻底改变社会。

　　在我看来，必须在企业意识形态中寻找这些现象的症结。作为生产的社会场所的企业也成了生产关系再生产的社会场所，然而这些关系正在瓦解、正在崩塌。生产关系再生产的场所同时也是日常生活、劳动和休闲之间的关系得以实施的中心，它们全都围绕着企业组织活动。这一场所是经济理性的总部，即便存在差异与分歧，经济理性相对说来依旧是资产阶级与工人阶级共同认可的东西，而它诞生的场所也是企业。经济理性希望将企业劳动的技术分工，也就是企业内部的理性模式推广到全社会。此处必须再次强调阿尔都塞在劳动分工上对马克思思想的扭曲。马克思说，在立足于大型工业的资产阶级社会中，劳动的社会分工由市场来决定，在市场中进行，通过商品生产者之间的竞争与资本的竞争来完成。把技术理性扩大到全社会的观念，可以说是被阿尔都塞从马克思主义出发赋予合理性的观念。这是资产阶级的观念，即便不是社会主义运动整体的观念，也是某一个重要社会主义政党的观念，与生产本位主义相联系。这一待遇特殊的场所之所以如此，既是工人阶级自发使然，也是资产阶级自身的反映。

　　企业是经济主义，也就是劳动与劳动者的意识形态的中心，也是战略模式的中心，是把企业内部组织模式推广到全社会的方案的出发点，我自问它是否也已经推广到了党的意识形态中，因为党内也学着企业那套方式开展行政管理。我认为正应该攻击该中心，攻击的结果是马克思主义思想也必须进行去中心化。

96

在我看来，这是最要紧的两个理论任务。有一个理论上的革命有待完成，彻底批判该意识形态是理论革命的一部分。彻底的批判同时反对工人阶级至上主义、工人阶级拜物教及其他一系列拜物教。马克思提出了快有一个世纪的问题至今都没能从理论或实践层面上得到解决。工人阶级内部存在着矛盾。它任凭自己陷于企业的意识形态，我认为它倾向于重建生产关系并对其进行再生产，然而与此同时它也在挑战这些关系并希望将其替换。它的革命性角色因此是囿于形势的，而不是结构性的，我们必须强调这一点。工人阶级这一术语，其确切含义具有某种含糊性。这并不意味着工人阶级放弃了革命方案，也不意味着它被消费资产阶级化了，而是意味着作为一个阶级，身处现实社会的局势下，它有局限的可能性。

97 　　我起草的这份分析似乎从世界范围来看才有价值。我尽可能使该分析完善，试图跳脱某些国家特殊问题的限制。社会关系一方面已经贫乏而衰弱，另一方面则进行着改变，拥有了新的矛盾。社会关系的这一过程包括区分工人阶级和无产阶级的角度：前者是生产中的劳动阶级，后者是世界范围内的无产阶级，关于该阶级我们仅仅开始了一点点了解，获得了一点点概念。这是个有待解析的主题。

　　至于两个革命图景，最大限度与最小限度革命的划分并不是革命与改革的划分。因为旧的改革纲领是为了在现实社会的框架中实现才制定的，比如，社会**安全**；而最高纲领旨在超越现存社会的框架。因此这种划分很快会带来危害，它其实变成了对即时的、经济的、量化的要求与政治的、质的要求的划分，这样一来，一切都搅在一起，到头来工人运动就会降格为即时的要求。

在我的分析中，最小限度革命已经是能够带来劳动解放与生产关系改变的革命图景了。最大限度图景则是改变整个生活，包括改变家庭关系与劳动本身。如果没有人——那些有能力夺取总体再生产的人——准备好为了改变一切而发动革命并斗争到死，最大限度革命就不会与最小限度革命区分开来。这样的人是存在的，我们可以称呼他们为"极左人士"，进行上述区分就是为了给他们的存在本身提供意义。这两种图景的关系存在什么问题？它们应该同时由不同的群团来负责吗？当中有没有左和右的区分？有层级之分吗？最小限度革命难道不是通往最大限度革命之路吗？比如说，人们有可能在不改变家庭与日常生活的前提下改变生产关系吗？然而我们必须区分生产关系与关系的生产，我们不仅仅需要关注关系的生产，也必须关注生产关系。存在新的社会关系受到召唤，必须建立，它会成为我所说的最大限度革命的场所。

98

我承认有时我对自己使用的术语缺乏详细解释。确实，自从莫里斯·多列士（Maurice Thorez）对战略与列宁认为应该用来激励工人阶级、为它指引方向的政治思想进行抽象化，并以此阐述工人阶级状况以来，我们在阐述资产阶级与无产阶级科学的时候，就不得不与工人阶级至上主义详细而具体的定义相伴。诚然，类似经济主义、生产本位主义这样的术语必须得到定义——它们是关于无限增长的意识形态，认为增长问题与它带来的数量至上主义问题就是本质问题，而战略目标就是达成无限增长。至于自发性，列宁认为确实有着某种革命的自发性，因此工人阶级的自发性并不仅仅限于它不能达到政治层面。让我再回顾一下列宁的公式：自发性会自发地崩溃。工人阶级自发地达到了意识的高度，其中包括政治意识，然而一旦没有一种政治思想的支撑，它也有可能极端迅速地重新坠落。列宁认为工人阶级需要一种政治思想，一种"恰当的主动性"。它需要一项目标、一种战略。没有什么能够取代政治思想，一种受过教育的自发性也不行。

关于工人阶级随形势而动的或因时制宜的（非结构性的）革命能力表述，让我们回顾列宁的说法。他认为工人阶级只有在某些力量关系中，只有在具备了主动性与指导性政治思想的情况下，才有可能扮演革命性角色。我认为这是列宁主义留给当下的遗产。再说方案的概念。革命性方案不该等同于以往的纲领。必须制订关于整个社会的方案，而且我认为这也是马克思那至今都被误读的《哥达纲领批判》文本的意义。目前制定的所有纲领都不充分，因此需要一项方案，一项针对整个社会的方案，它必须要求生产一种彻底全新的社会关系。

1970 年 7 月于卡布里研讨会上

III　关于增长的意识形态

　　这里处理的问题和从前经济增长与意识形态相关联的问题并无不同，此二者至今依旧相互关联。因此本章主题并不是增长，而是增长与意识形态的关系。比起马克思主义那仅仅是个科学术语的"扩大的积累"，我更爱"增长"这一专名，正因为"增长"引申出一种意识形态。对于此概念，我并非不加批判地、纯粹地、简化地加以应用。

　　不久以前，先进资本主义国家，毋宁说这些国家的领导人，向世人展示了一幅田园牧歌般美妙的经济景象，他们说除了一些很快会消除的小小阴影，一切都好。人们认为，无限增长是有可能也有必要的，至少有这样的潜在可能——经济学家认为，除非政治方面出现重大失误，否则增长就有可能成指数曲线上升。你们知道这意味着什么。经济增长被误认为是数学增长。经济增长总是被看成能够量化、能够计数（钢材与水泥用吨计算，汽油用桶计算，汽车用辆计算，船舶用艘计算，等等）。增长的数量方面被认为是"积极的"，这里的"积极"表达的是该词的最强含义。这样一来，增长被认为是值得期待的。在人们的构想中，它既是手段，也是目的，对增长中某些不容忽视的方面充耳不闻，例如，资本家的利润。现实增长由各种严格定义的数据来解读，在它们当中，国民生产总值扮演着关键角色，（字面意义上）受到崇拜。经济学被人们称为最现代的科学，它认为，无限增长是有可能的。在经济学家构建的模型中，最棒的当属提出并证实无限增长的那个。应该不会再有危机，有的最多不过是减速或衰退。马克思主义的危机理论则被扔进历史的垃圾桶。

在此视野之下，增长的问题只存在于初始时期，马克思主义称这一时期为原始积累时期。这就是美国经济学家、白宫的反动顾问罗斯托（Rostow）提出的著名的"起飞"（take-off）理论。最多这里那里会存在一些瓶颈，未来则大敞希望之门。只需要技术人员或技术官僚来促成这一未来，毋宁说只需要他们来安排这一未来。

技术与增长被认为相互促进，电脑则保证这个据信是和谐的过程尽善尽美。没人害怕巨大至上主义（gigantisme），不管追求越大越好的是企业，还是方案或战略。恰恰相反：巨大至上主义引人入胜，被认为是未来的标准。

最初征兆、警告或经济学家所说的"警示灯"已经出现很久了。今天，加尔布雷思（Galbraith）成了发出警醒的先驱。为什么？因为早在十五年以前他就说过，美国的公共服务（邮局、铁路业、学校、医院、城市公共交通，等等）与增长不匹配，它们不及私营企业发展得好，总体生活水平的进步也跟不上企业技术的实现与可能性。经济增长模型构建的与其说是一种科学，不如说是一个"信仰系统"。到头来，大型公司中的技术结构，其存在并不足以依靠增长来组织社会生活，因为该体制仅仅为企业服务。正是因了这些卓著的见地，今天我们听到的尽是关于加尔布雷思真乃天才的呼声。

别的理论家也曾提醒公共舆论，说汽车作为驾驶对象并不是万无一失的。汽车工业是美国最大的工业之一，该工业并未带来技术的高度发展，而且它还摧毁了城市空间。同样还有其他不被人当成"权威"的声音，说经济增长与社会发展并不相关，量与质并不总是一起进步。人们并不怎么听取这些被他们判定为反常的批评之声。

然而短时间内就会发生一场极不寻常的变动，我们面前会展开一幅至黑至暗的悲剧图景。有人甚至会提出新的千禧年说。报应正日积月累，它带有某种累积特性，似乎 2000 年不仅仅是"某个世界"的终结，更是"世界"的终结。斯坦利·库布里克把自己的电影命名为"2001 太空漫游"应有此意——我们能活过 2000 年吗？末世意识形态转眼间就取代了旧式乐观主义，甚至到了周期循环理论遍地都是的地步。一种关于"大灾难"的图景取代了历史时间的旧意识形态，后者认为理性历史的发展有着确定的方向与明晰的结局。

新千禧年说的论据是什么？很显然，主要论据来自核威胁；第三次范围更大的世界大战的可能性——除非它真的不会把一切都摧毁；战争与和平之间的界线被擦除；不再存在宣战，而是直接开战；战略冲突加剧危机。不过欧洲人的大悲观主义与大虚无主义还有更多其他来源。比如人们抛弃了在增长期间给他们带来美梦的巨大至上主义。在星际间进行的大型探索越来越证明毫无用处，至少人们不能今天马上就在月球上开办旅行社。星际范围的大公司及跨国企业自身也承受着新的危险。IBM 公司正在搭建私人信息网络，这使它有可能与国家进行地位平等的交易，或许它已经有能力这么做了。人们甚至正在谨慎讨论"信息界的雅尔塔会议"！ IBM 正在建立信息技术与信息处理的全球垄断。

102

结果就是人们放弃了乐观意义上的工业理性。在差不多一个半世纪的时间里，人们曾相信工业自身体现着一种组织原则。这是圣西门的论点，也是马克思的一部分论点——我说的是一部分。人们现在意识到这不过是种意识形态罢了。工业自身承担的组织力量在企业中落脚，它也局限在那里，无法扩展至整个社会，更不用说扩展至整个世界了。然而受其影响，今天的我们生活在可怕的矛盾之中：一方面，生产力增长使某种绝对全新的事物成为可能，那就是生产自动化给人带来的享受；与此同时，现实或"真实情况"变得越来越糟。暴力在扩大，如同瘟疫般蔓延。这不单单是原子弹或核威胁的问题，在意识形态层面上，问题已经不再是经典的马尔萨斯式灾难了，如今它涉及另一回事。

让我们快速列举一下都有哪些报应将至。人们称之为污染与环境的东西不过是意识形态的面具，尤其是"环境"这一术语，它完全不具备确切意义：它既是一切，又什么也不是；既是自然，又是郊区。污染与环境危机不过是更深层现象的表象，失控的技术脱轨就是现象之一。如今麻省理工学院的著名报告揭示了该现象带来的危险，也就是运用失控技术与放任人口疯长导致的资源枯竭。

人们发现各种特定概念突然出现，例如，软科技（soft-technology），也就是不会粗暴对待自然的科技，某种技术型手工艺。人们发现了"缩水技艺"（shrinkmanship），其目的是缩减企业维度，追求小型化，尤其是使危机变小。巨大至上主义曾是勇敢的企业精神的招牌。如今，它的反面则占了上风。一个方案若想提上议程，必须小而精。在此必须提醒一句，卓越的专家只认可一项命令、一个纲领，那就是"生存"。最近，人们可以在《世界报》上读到"极左分子错了，嬉皮士才是对的"一类的说法，因为后者证明生产力并不改善生活质量……

要理解究竟发生了什么，就要站得更高，为资本主义做个倒数，检验这一从征服心态转变为末世心态的奇妙过程。

19世纪的增长是什么？是一阵盲目的冲动。在19世纪，每个资本家都为了自己的利润而生产。这是个创业者，他拥有一个企业。他把自己生产的东西供应给市场。市场作为一股盲目的力量在发挥作用，它通过竞争淘汰了许多创业者。在这一时期，劳动的双重分工建立起来。针对这一概念，存在很多混淆不清的情况，尤其在涂尔干那里。必须清楚明白地重建马克思的划分：一是技术分工，它在企业里管理生产运作；二是社会分工，这是由市场强加给劳动的。在 19 世纪，资本家把产品放到市场中展示，要么卖掉，要么不卖。国家尚未扮演调节者的角色。资本主义首先在国家力量很弱的英格兰建立起来，在那里，生产得以在几乎没有国家干预的条件下进行。

今天，国家不仅成了增长的负责人，还是行政官，在"社会主义"国家尤其如此。然而在 19 世纪的英格兰，对增长负责的只有（国际与国内）市场。

劳动的社会分工来源于市场带给企业的压力，只有那些能使自己的产品在市场上脱手的企业——这很难作出长期估计——才能幸存。在这样的条件下，大量资本与资本家盲目向前。生产方式"相信"自己起到了作用。就在这个时候，工业自我规定为一种新现实，革命性地——让我们使用"革命"一词的全部内涵与后果——颠覆并改变了世界：一方面终结了农业时代、家长制和封建制度，另一方面使工人阶级进入历史舞台，按照马克思的说法，该阶级将会通过工业来改变世界。

在这一时期，工业带来了它的理性的观念。它携带着新的系统——比如圣西门的，以及之后马克思思想的无限视野——颠覆了旧哲学、旧科学和旧知识。工业因此带来了一种新的整体实践。

现在我们如果检验 19 世纪末到 20 世纪初这段时间，如果

我们试着描述这种盲目冲动产生的结果,我们大致可以这么说:

1) 商品世界与工业生产力增长紧密联系,自我铺张开来,吞噬它面前的一切,全球市场建立起来;

2) 帝国主义随之而来,它靠力量支配世上的一切,使其满足市场与资本主义生产(原材料、资本投资,等等)的要求;

3) 这就产生了各种矛盾的整体,还有马克思为此提出理论的周期性危机。危机有规律地发生,特别容易形成战争局势。我们不该忘记,第一次世界大战就与一次周期性危机相对应,而法西斯主义的抬头及第二次世界大战与另一次周期性大危机相对应。周期性危机与战争带来的是同样的结果:消除过剩(不管是物品还是人)。

伴随资本主义盲目冲动的是颇为有趣的意识形态混合物。意识形态已经体现出了多重或多样的功能性。它们掩盖现实,也就是掩盖经济冲动的粗暴特性与资本主义扩张。它将某些特别让人不安的空地与盲点填满,它看上去甚至能够启迪未来。它掩饰矛盾,甚至能让矛盾表面上消失,把自己作为意识形态的矛盾大范围遮蔽起来。最后它为扩张铺路,使其看上去同增长与利润并无联系。

与此同时,欧洲大国提出了理性主义与民族主义。理性主义试图成为普世的、人道的,它自认为建立在科学、道德和法律的基础上。民族主义则正好相反,它强调风俗、价值和利益

105　的特殊性。一个世纪已经过去，现在很容易发掘理性主义与民族主义之间的矛盾，矛盾甚至不止一个。然而在 19 世纪末、20 世纪初，人们往往同时自封为理性主义者与民族主义者。**大学**，尤其是法国的大学，难道不是既理性主义又民族主义的吗？人们尚未意识到（理性的）普遍主义与（民族的）特殊主义之间存在着注定会成为巨大不安的矛盾。与此相似的还有唯科学主义、通常很是粗糙的决定论、实证主义——它们都能很好地回应工业主义，却无法讨好某种对自由的崇拜。直到今天这些矛盾才一览无余，正如意识形态与资本主义扩张(增长)的关系。在 19 世纪与 20 世纪上半叶，总是存在一种由意识形态维持并掩饰的个人与社会的分裂，尤其是资本家或企业家作为个体确实能够获得质的提升的个人活动与整个无情向前的资本主义之间的分裂。同样还存在一种由意识形态维持并掩饰的价值与利润的分裂，后者不知羞耻地积累金钱，前者在理念层面自我宣扬。同样还有"私人"与"公共"的分裂，这是私人生活边界的必要性与国家层面产生的普遍后果之间的分裂。今天，当我们回顾过去，我们才意识到意识形态的阴影遮蔽了真相，而对于当时的人们来说，重要的是知识、是理性、是产生于意识并为意识服务的强大动机，重要的是理念、是历史人物、是权利、是文明。

　　当然，我们在谈论增长的时候不可能不谈到另一个方面，那就是关于增长的理论并不在意识形态之中。它在别的地方，在马克思主义思想里，在像圣西门与傅立叶那样的"先驱者"（让我们为这一可疑的称谓打上引号）身上，在他们的后继者与他们造成的后果中。不属于意识形态（却被意识形态掩盖）的增长理论出现在马克思思想中，但是，

1) 该理论并不完整。马克思只在英格兰研究积累的扩大化，他的理解因此考虑到英格兰主导建立并由此大为获益的全球市场。马克思因此忽略了积累扩大化中的国家行为。更有甚者，马克思并未很好地区分简单再生产（生产资料的再生产）与扩大化再生产。1913 年，罗莎·卢森堡在《资本的积累》（*L'Accumulation du Capital*）中指出了个中差别；

2) 该理论是批判的（在马克思主义思想中，一切认识都是批判认识）。

至少在一开始的时候与很长一段时间内，虽然关于增长的理论揭露了人们的活动真相，却没有得到这些人的认可。正是因为这样的揭露，它才遭到否定、拒绝和迫害。

让我们继续对当代世界的形成进行粗略回顾，那就是把这一时代的特性聚集起来，根据我们选定的主轴，也就是增长与关于增长的理论，对该过程加以说明。

人人都知道，在 19 世纪，欧洲的资本主义大国之间频繁发生冲突，分分合合。整个欧洲实际上是与资本主义分离开来的。然而，第一，革命并未像马克思设想的那样发生在工业发

达的国家，这是个相对与暂时的失误，但后果严重；第二，全球市场始终是强大而唯一的，这是斯大林的重大失误。全球市场发挥着可怕的压制力量。人们当然可以变身为唯意志论者，说什么只要抵抗这个市场就有可能成功，可是没什么比这更不确定的了。

第三，资产阶级自身经历的困难使它获得了更高的政治觉悟与行动技巧。它已经能干到足以吸收马克思的思想并为己所用。从那时起，它就再度拥有了攻击性战略，法西斯主义过后，又有了新资本主义与新帝国主义。在这样的战略中，增长以国内市场作为基础，却扮演着越来越重头的角色，重到前所未有。在像日本那样的国家，这样的战略绝对是有意为之的，这就是为什么该国增长率如此之高。当然，任何掌握权力的资产阶级都不会放弃去别的地方、去不发达国家获得人工与原材料资源，去销售，去投资，但是国内市场的增长始终是个决定性因素。

107　在这样的情况下，增长认识并认可了自身。它同时将自身作为手段与目标来认识并认可，然后将二者混淆在一起，手段变成了目标。从那时起，增长就拥有了自己的意识形态。似乎存在一种关于增长的逻辑，而增长的战略变成了意识形态。增长自认为是必要的、决定性的，它通过数学进行自我预测。人们构造了多种多样的增长模型。在此必须强调，被这样认识与认可的增长也寻求一种一致性，它是如此重要，以至于从某一时刻开始，这样观念变成了真正针对一致性的拜物教。正是人们所追求的一致性成了一种意识形态，政治经济学尤其如此。到底发生了什么？人们以完全连贯的方式行事，为了保持增长，无所不用其极。因此毁灭是资本主义的内在属性与方方面面。毁灭不仅体现在公开的暴力上，不管是内战还是军事行动。人们组织起淘汰对象的活动，也就是说，一切对象与工业产品的寿命都被人为缩短。

关于淘汰的理论使数学计算成为可能。关于对象的统计学将任何产品的预期寿命都换算成数字，而市场就靠着相关对象的预期寿命来运作。一切"预期"都由计算得来，一切对象都被计算：不管是汽车（两到三年），还是浴室（十来年）。科学受到某种死亡属性的影响：科学在图表模型上计算人与物品的死期，保险公司据此提供服务。所有资本主义的数据都在关于死亡的图表上运作。死亡是该系统的内在要素。

人们公然期待的是心理上的机器损耗，在物理意义上尚未完全磨损的设备已经遭到替换。由于技术进步，固定资产遭到密集破坏。正是技术进步的一项功能摧毁了固定资产，战争或自然本身带来的摧毁就更别提了。关于增长的意识形态小心翼翼地掩盖了这一切，它确实有这个能力。否定性因素不再外在于资本主义，它已经存在于资本主义自身内部了。

在同一时期，为了达到增长目的，武器如暴雨般进入生产。

108

和平不再与战争泾渭分明。为了生产进步，武器如暴雨般大量生产，要么偷偷进行，要么直言不讳。否定性因素呢？我们刚才说了，它不再外在于该过程，它不再处于过程停滞或面临危机之时。否定性因素就在过程之中，毁灭内在于生产之中，成了生产的内在性。正是因为这种内在性，人们看不见它，以为危机不会来临！

今天，人们赞颂加尔布雷思，因为他表达了若干针对增长之积极性与合理性的保留意见。然而就在加尔布雷思那个时代，也就是十年或十五年前，万斯·帕卡德（Vance Packard）曾比他走得更远。人们难道已经忘了？在联合国教科文组织举行的关于增长及其终结的研讨会上，吉斯卡尔·德斯坦（Giscard d'Estaing）邀请了加尔布雷思却没有邀帕卡德，后者曾提出美国的增长是建立在浪费的基础上的。

关于对象的统计学是广告在科学领域的反面，是关于市场如何组织的科学。广告在欲望身上起作用，广告表达欲望，并使其与对象相符，反之亦然。关于对象的统计学，关于淘汰的理论和对象从制造出来就经过精确计算的预期寿命，这是资本主义生产科学性的一面，也是科学与毁灭之间的联系。

然而不像某些精神分析学家及其追随者——不论有所保留与否——所说的那样，资本主义内部并不存在一种"死亡冲动"，一种模糊的向死本能。一旦引入一种如此神秘的实体，人们就开始胡言乱语了，批判分析也成了连篇废话。然而不论这类喋喋不休成功与否，它的作用都只能是次要的。

我们这就来到了另一时期，它持续了二十年左右，大致从1950 年到 1970 年。对于整个资本主义来说，这是段田园牧歌式的日子。在资产阶级和资本主义看来，这幅优美的图景尚且存在某些阴影。在非洲和亚洲，战火连年不休。然而他们认为从长远上看，增长中那种激发了冲突的不平等可以而且必须得到解决。那些落在后面的区域——不发达国家——可以而且必须整合到增长里头来。我们可以用一个经典的比喻，说如今对于资本主义的领导人来说，万事俱备，如同一艘船有了引擎与船舵，也确定了航向。更具体来说，资本主义具备了坚实的核心，也就是增长的中心。正如弗朗索瓦·佩鲁（François Perroux）提出的那样，它有了很多增长极。一切必须服从增长，这意味着：

1) 在这一时期，科学成了增长的工具。尤其是所谓的社会科学，它成了增长进行政治控制的工具，包括政治经济学、心理学和社会学。换句话说，这里再一次树立起科学性与意识形态之间的混淆，可以类比无限增长的方案与战略中一致性与逻辑性的混淆。这一时期，社会学立即直接成为控制工具。当社会学家明确提供或多或少处理过的数据，再经过中介将这些统计要素从数据库中出卖给个人或公家使用时，这一点就得到了确证；

2) 科学经由技术与机械（它们是投资的产物，也就是"固

109

定"资产）这些资本与国家的财产，也就是统治阶级的财产，直接整合进入生产。所有科学都处于一种既被整合又整合他者的境况。"整合"本身作为一个概念出现在视野内。它从自身出发，要保证对*知识*的大量应用指向并导致一种非*知识*，使用知识的机制本身必须保持不为人知、被误解、被无视（被忽略）。这还会导致关乎知识、非知识及二者关系的其他后果；

3) 结果就是，资本主义积累改变了特性。它不再仅仅是财富或生产资料的积累，而且还是技术、信息、普遍知识的积累，后者在发达国家已经彻底资本主义化了，国家则为这样的中心化组织方式提供保障（将其放入决策中心）。

新资本主义因此在科学与科学家之间建立新的契约，这样的联系迟早会反映在相关机构内、科学**研究**中、**大学**里，等等。关于该新资本主义，我们可以说它是组织型资本主义，这并不意味着它是有组织的资本主义。远远不是。它的严密性仅仅是表面现象，也无法消除矛盾。一致性只是一种意识形态（它干预"现实"，与这样的现实紧密联系，然而根据意识形态概念本身来看，它蒙着面纱，遮蔽矛盾）。否定性继续在深处运作。这样的社会可以被称为技术人员的社会或技术的社会。它当然获得了别的称呼。大部分或所有这些称呼都只把握到了这个社会的某一方面或某个特性，它们都不包含整体本身。

整合，也就是对一切与这个社会对立的东西（敌对意识形态、社会群体、阶级）加以回收，进行到什么地步了呢？在这一美好年代，该问题似乎已经有了答案。甚至连工人阶级看上去都要么潜在地、要么实际地整合进来了，它的敌对性已经减轻乃至消失。这带来一个直到今天才（显得）矛盾重重的真相：无限增长——中心、核心、增长极的无限扩张。这样的视角在1950年到1970年占据统治地位，同时孕育了它的虚假逻辑，也就是渐渐覆盖整个空间的战略，而且它必须进行自我钻研。这种视角孕育了最发达的国家，也就是美国的"领导者"形象，也孕育了带来增长并保证其发展的那个群体，也就是技术官僚与技术结构的招牌形象。

这样一来，在一个基于新根基的社会上，人们建立了新总体的虚假代表制，工人阶级同意进入这个新总体，而在这个总体中，政治家只有一个确定而有限的任务：保证增长。同一时期内，同一种视角下，在增长与一致性的意识形态逻辑之外，在世界范围内的"实用性"战略方案之外，出现了应该被恰当地称为生产本位主义的意识形态，也就是用生产为生产辩护；出现了经济主义的意识形态，也就是关于经济绝对至上的论述；出现了功能主义与结构主义的意识形态，它们是追求理论连贯性与实践严密性的工具。

111

功能主义根据对一种和谐增长的假设——毋宁说期待——来定义社会群体与机构的功能。至于结构主义，它在意识形态上代表的是技术官僚的行动，他们在无限增长的要求下，运用知识来使空间"结构化"。他们有种特别厉害而且有效的行动方式：官僚主义。

今天，这些宏伟方案开始任其矛盾呈现出来：人们一心要打破束缚生产力的枷锁，为其通向无限可能开辟道路，与此同时却要维持现存社会框架，更确切地说是维持现存生产关系。更有甚者，还要为这些生产关系的本质进行再生产，而且（尽量）不去损害资产阶级中的落后阶层，也就是与中小工业相关的阶层，因此改变只会触及一些细枝末节的整治细节。然而打破生产力束缚也是马克思主义思想本身的方案，在这里它却反转到资产阶级手中。是"无意识的"吗？不确定。通过凯恩斯和其他人的努力，马克思主义的方案又回来了，而且对某些领导人来说，这种回归绝对是有意识的。这是非常特别的情况，针对它的分析几乎还没出现。

除了上面提到的这些，还有很多解读未经分析。在这一资本主义的美好年代里，"左派"在做什么？批判型知识分子在做什么？"批判理论"在做什么？首先，他们毫不惊讶地确认了资本主义的适应性，还有资产阶级在困难时期过后自我重建的能力，整合看上去不可简化的一切的能力，利用科学与技术的能力，以及创造譬如管理技能的新技能的能力。

　　第二次世界大战结束的时候，关于资产阶级业已衰弱并终 112
结的观念传播开来，为人所接受，以至于资产阶级人士当中有
好些都作如是观。人们当时还不知道重建何时进行、应该如何
进行。有人考虑过、设想过重建吗？我认为是有的，而且（基
于战略的）战术出发点来自相当精明与隐蔽的中心。

　　1. 我认为所谓的左派对资本主义的重建作出了巨大贡献。
让我们回想那些 1950 年左右希望进行创新的人，他们创造了
休闲空间，使人们得以在休闲中并通过休闲来开展度假活动，
从而将人从资本主义的压迫中解放出来。一开始，休闲空间是
朴实的小型俱乐部，而它们是如此成功，以至于这种所谓"社
会性的"事业变成了巨型资本主义事业。发生了什么？我要重
复一句，关于资本主义的适应性与重建的历史尚未写就。另一
个例子是"国民经济核算"服务。"进步分子们"发明了该制度，
起初意图将诚信引入财政系统，而它很快便成了为资本主义国
家权力服务的（绝对）规划机制。

　　关于这一时期，人们确实写了很多东西，但多半是新闻式
的，极其肤浅。在深层次上，资产阶级重建能力的历史还没有
完结。还有很多东西要写。资产阶级自我重建的能力不仅仅出
现在法国，这是世界范围内的普遍现象。

　　2. 知识分子承认并接受了新处境，并为该处境寻找一个名
称。正如已经提到的那样，它的命名多种多样：技术人员社会、

消费社会、休闲社会（所有故弄玄虚中最糟的一个）。他们的批判因此成了道德批判与美学批判。批判不再针对本质，而是转而针对丑陋、恶毒、贫穷……

3. 在这一点上，最严重的或许曾经是也始终是资产阶级重建的合理化与系统化，后者遵循某些因果律，因此看上去理由充足，而且封闭。这就是为什么我要控诉马尔库塞的思想与作品。他的理论化是关于既成事实的理论。马尔库塞的理论形式建立于知识在资本主义增长中发挥的作用上；他准确分析了美国资本主义，却也仅限于此；他想当然地认为自己已经达到了理论的一致性；他在其作品中展示了某种内在合理性，烦人但有效，成功把"人"变成单向度的，因此关闭了整个系统。

在他看来，知识的整合能力能够同时剥夺资产阶级和工人阶级的一切历史角色，剥夺他们进行任何（质的）改变的可能性。两个阶级面对面交锋并解决了对方，在技术进步面前，公共生活与私人生活的对立及个体需求与社会需求的对立都不复存在。这是否定性的"积极"胜利。使整个社会稳定的"无处不在的系统"在胜过资本主义生产方式的同时也完成了它，尽管它漏掉了一部分裂隙，因此从这些裂隙中迸发出绝望的抗议。与其指出这种一致性的断层，这些一点点扩大的缺陷，马尔库塞情愿坚持一种内在逻辑，该逻辑来自知识在资本主义社会实践中的应用。在如此情形之下，一旦资本主义中心牢固、强大、有逻辑性而且注定增长，反击应该从何而来？它要么根本不会发生，要么就会从外围而来！

外围这一术语具备多种含义，互相之间的界限并不可见，对外围所包含的要素划分不清。在不同的含义下，外围包含的内容如下：

1) 所谓的发展中国家，特别是前殖民地国家，而从更广意义上说应该是全世界的无产阶级。不同于国际工人阶级，无产阶级是在整个大陆上被剥夺了生产资料的阶级，例如，拉丁美洲的情形。因此无产阶级没有被整合，也不可能被整合（反观在企业中忙碌的工人阶级，它与生产资料之间有着由资本主义生产方式确定下来的衔接关系，因此可以被整合，甚至已经被整合）。这一意义上的无产阶级是难以归类的，例如，农民，他们由于农业结构的瓦解而破产，因此大量涌入城市，并在南美洲的**大城市**边缘建立起"贫民窟"；

2) 资本主义国家中远离中心地带的区域，例如，法国的布列塔尼、巴斯克地区和奥克西塔尼，意大利南部与西西里岛，大不列颠的爱尔兰[1]、威尔士和苏格兰，等等；

3) 城市外围人群，也就是郊区人口、贫民窟的外国劳动者，等等；

4) 社会与政治的外围人群，首要的是青年和女性，然后是

114

---

[1] 原文如此。应为北爱尔兰。——译注

边缘人群，例如，处境绝望之人、"疯子"、吸毒者、同性恋。

就是在这些条件中，某些所谓的"极左"团体确定了攻击点。作为整体，这些把赌注押在外围与外围问题上的团体与外围本身一样，提出的主张也是边缘化的。例如："享受吧！别再工作了！我们都是罪犯、色鬼和精神分裂者。"这种对外围下注的战术确实没错。事实上，外围的存在本身就是某种特别重要的东西——"中心性"作用——的征兆与揭示。我们称之为"极左主义"的运动，直接或间接预备了一种比单纯指向经济的批判更激进的批判——权力批判，甚至已经使之生效。权力的面具与陷阱暴露于光天化日之下，其技巧与托辞全盘托出，意识形态的谬论烟消云散。在权力批判中，关于监狱、精神病院和多样集中压制手段的问题意义重大。然而，这项仅仅对外围下注的战术只能达成点状行动，彼此在时空中相互隔绝。该战术忽视了中心与中心性，一言以蔽之，它忽视了普遍的东西。

关于中心与中心性的问题至关重要。一旦中心与中心性保持稳定或自我重建，点状行动就注定要一个接一个被挫败。中心的本质在于它们的活动正是由生产与再生产外围构成的。中心产生了外围，再将后者排除在外，通过排挤外围而维持着外围的存在。决策中心，也就是权力、力量、信息和知识的中心，也将自己与那些否定权力者远远隔开。这样一来它就能远离一切危机吗？不，这也是现实情况的有利之处。

　　如果具有其自身特性的决策中心产生裂痕，渗透与错位就无法避免，就会产生某种新事物：普遍危机。这不仅意味着资本主义的毁灭性加剧并导致自然，至少是地球自然的毁灭。这不仅是某种含糊的"向死"本能在运作，也不仅是生产本位主义与经济主义的崩溃。这不再是人们已经了解其后果的经典经济危机，即 1929 年至 1933 年生产过剩所导致的危机。即将到来的会是生产关系再生产的危机，首先就是中心与中心性的衰退。该普遍危机将会逐渐达到现存社会的各个层面上，包括意识形态、文化、社会与政治结构层面，即上层建筑层面，当然也不会放过经济层面。大概工人阶级那闻名遐迩的整合将会呈现出其局势性而非结构性的本来面目。这种整合已经危机重重，它不会持久，只会给该阶级留下自决的可能性。

　　说到上层建筑，危机的征兆正是在此积累。它涉及一切"文化"的部门，以及与司法部门、信息（电视）部门、教育部门同等重要的机构。

　　说到结构与经济基础，征兆在这里不只是征兆，也就是说，城市现象的整体将同时成为危机的来源与影响、原因与结果。

　　我们知道，历史名城已经变成无数碎片了。利用这种碎片化的目的，是奉增长之命建设规划空间。该空间自诩为理性的，却同时混乱不堪又漏洞重重。它来自大规模工业化，倾向于危及资本主义大城市的存在。此类大城市变得难以控制、难以管理、无法生存，它们因此掩护了决策中心。就是在那里，人们可以看到中心性的危机爆发并扩大。它们是这个社会的弱点，虽不是唯一一弱点，却是最大的一个，而且还在不断扩大与加剧。有远见的美国人早就知道，美国城市将现实化为有关增长理性的梦想。美国资产家会发现他们手头的抉择令人揪心：要么牺牲纽约、芝加哥、洛杉矶这类城市，而在别的地方建立决策中心——这并非毫无困难；要么拯救城市，把巨大的资源献给城市，即便这是美国社会拥有的全部资源。

116

这些问题能由资产阶级通过资本主义的生产方式解决吗？无法回答！没有什么经济或意识形态上的障碍禁止最明智、最博识的领导人解决上述问题。并不存在透明的高墙或社会政治禁令对他们说："你走不过去了。"然而困难在累积，必须作出选择（牺牲城市还是拯救城市），没有什么选择不会带来新的矛盾。毫无疑问一切必须从美国开始，然后是其他资本主义大国、生产与贩售反污染产品的"公司"，还有（"设计的"）环境。城市问题能否就此解决？

另一方面，一种很奇怪的现象出现了，并得到自我确证：所有政权的政治都毫无保留地表态追求增长。根据地区与意识形态的不同，各个政权如此作态的理由也不尽相同，但都是好理由。在这里，我不愿就所有对政治感兴趣的人发表意见，我说的是体制中人，是掌权之人。很显然，维持增长的理由，对那些所谓不发达的，乃至依旧是附属国的国家来说，与工业大国的理由并不相同。附属国政客给出的理由当然"更好"。然而不论如何，几乎全部政客都支持他们控制的国家追求增长，而拒绝考虑增长的意义与严重后果！"矛盾"一词在这种情形下显得无关紧要。

某些所谓的"极左"团体会心甘情愿地捣毁增长，不顾社会总体倒退与解体的危险，再一次，它们又只对外围下注。共产主义与社会主义运动则总是对普遍的与中心的东西下注。该运动以保守的方式建议自己维护增长，并自称为唯一有资格这么做的运动。总体看来，欧洲的社会主义者和共产主义者只不过提议由他们来夺过资产阶级的增长接力棒，尽管各人有不同的执行模式。对他们来说，增长批判反映的不过是马尔萨斯主义的普遍化（一切只与人口、科技、经济有关）。

资产阶级与资本主义则在欣快与虚无主义之间飘荡：它们把无限增长的困难说成是试验的结果；它们保证增长会继续下去，却对未来不抱指望。它们的性情始终变化多端。

这就是在增长问题中相互对抗的新意识形态。人们在试图揭开意识形态面纱的同时，已经能够确认无限增长是不可能的，而这种关于增长的无限追求本身也是一种意识形态。一旦人们确认会有一场危及中心的普遍危机，理论和实践的处境就会证明人们称之为"极左"的流派是错的，尽管如此，他们谴责增长的危害与关于增长的意识形态的做法则是对的。在这样的情况下，仅仅是抢过资产阶级的账单并重新发现相同的问题就够了吗？不，还要发现其他东西。我们可以提议：

117

1) 建立一项汇合所有外围要素与中心困境的战略，也就是说，汇合工人阶级得以从关于增长的意识形态中解脱出来的要素；

2) 确定一个增长方向，朝向社会需求而不再是个体需求。该方向应该能够为增长设定渐进限度，避免突然中断增长或将其无限制进行下去。而且我们知道，马克思认为，定义了社会主义生产方式的社会需求越来越城市化，不仅与生产相关，而且与空间管理相关；

118

3) 制订一项完整而详尽的方案，用以组织生活与空间，并为其提供最大限度的工人自治。同时也必须清楚，工人自治导致的问题与它能解决的问题一样多。

一个如此普遍的方案，与其说是纲领、计划或模式，不如说是路线，它针对的可能不仅仅是集体工作，还是集体生活，它既是理论，又是实践。它不应取决于某个政党或某个政治"阵营"，它只可能与一个运动、要求、行动相结合的性质多样的整体相关。

1972 年 5 月 17 日于阿尔及尔大学"行动教室"公开课上

IV 反抗、自发性、暴力 [1]

法国的政治空间分布图是什么样的？存在一个核心，也就是**权力**及其机制。若干卫星在围绕着这个核心的轨道上运行，它们是相当坚硬的粒子，是权力的工具，是权力施加影响与干预的手段。在那里，意识形态——人们也可以称之为理论——进行着统治。与克劳塞维茨的设想一致，还存在关于战争（关于其本质）的绝对概念，针对这一概念，相对形势与战略互相产生价值，同样还制定出绝对政治的概念，针对这一概念，经济只不过是手段。这不再是老式的"政治至上"，而是更夸张的彻底抽离出来的政治战略观念。仅仅关注短期情况的"具体情况具体分析"的行为与战术再也没有存在的必要。战略渐渐成为不可或缺之物。每项行动都存在若干目标与意义，包括预备好下一步。

在第一个核心对面，存在第二个权力核心，也有第二种权力机制与第二种围绕它的轨道、卫星、手段。两个核心相互观照。它们不怎么对称，也不同源。彼此战略有别，却相互交叉。而且双方都存在同一个现象：把人与机构等同起来，把

---

1 该文本（译按：本书第 IV 章至第 XIII 章的内容）写于 1968 年，由于在时间上过于接近当时事件造成的盲目，它包含若干错误。尽管如此，它对于事件的后续仍有启迪作用，而且强有力地指出了根本性问题。

机构与个体等同起来。这样的权力二元性究竟到了什么程度？此时此地，这个问题还不成熟。关于二元对立的问题并不重要。重要的是它们之间的真空——这一意识形态与政治的真空围绕自身，为纯粹的国家生产权力——国家的纯粹权力。

填充这一真空的是反抗。人们尚未完全理解并表达出这一概念与实践的原始特征。反抗生于真空，为真空所生，把经济（还有仅限于经济层面的要求）与政治（建立在绝对之中、国家之巅，如此之高以至于难以进入）绑在一起。既然人与机构相互等同，既然权威已经合法化——因为合法性须由权威自身认可，"主体"又该如何自我表达？他们应该如何宣布自己作为"主体"的资质，从而不再充当政治战略的"客体"，进而重新成为积极的"主体"？他们应该如何发声才能被聆听，或者干脆发明一种新的活动表达自己？反抗取代了社会与政治的调停，正是这些调停使他们的要求上升到普遍层面与政治层面。它反抗体制，因此也反抗人与机构的等同。反抗颠覆了人们习以为常的定义，也就是那些"作为某某的某某"。"主体"不再单单作为个体、作为公民、作为父亲或儿子、作为部下或上司发言。而主体针对的发言对象，也不再是作为负责人、作为私人、作为日常生活者或社会活动者的人。反抗源自整体，也要走向整体。那些翘首企盼运动却不认为现存社会应该从结构上终结的人，他们中有很大一部分，等的是运动给社会带来一份"强劲的计划"，从这样强有力的观点出发，来一次强有力的刺激。例如，据"新工人阶级"理论所称，技术人员，也就是工业中的出众技工注定成为发动社会变革的利剑。该群体在数量上不足挂齿，在质量上却十分高效，他们将会越过单纯的经济要求与参与管理的意志之间的鸿沟。同样，在革命改良主义的假设中，人们应该在工业组织与在经济层面上实施干预计划的基础上制定一项战略，并使之政治化。在这样的愿景下谈到学生，人们本来应该预计，运动将由主修"科学"的学生发起，他们注定会很快投身生产事业。

121

然而运动并不是以这样的方式开始的，至少在法国不是。参与运动的学生来自文学院，特别是主修社会科学的学生。很显然，一般学生大都家境殷实，主修社会科学的学生尤其是这样。他们同时在理论与实践的层面受到打击：找不到工作，缺乏就业前景；纵使受到某种社会实践的启迪，却没有计划与可能性，毫无职业出路。运动在社会真空中形成，在社会的裂缝中形成。不是任何真空，不是任何裂缝，而是标好界线的真空，圈好界线的裂缝。列宁预计薄弱环节不仅会在全球框架下断开，也会在某个社会内部断开——通过权威维系的链条与上层建筑虚幻的一致性都会断裂。这一运动首先获得的是否定性。对学生而言，裂缝的形成不仅仅因为缺乏出路或没有前途。这些欠缺起到了作用，但都是次要作用。把反抗归结于一种"颠覆性"意识形态的说法太过粗浅。这些缺乏及对缺乏的感受找上了现实社会中的学生，而前者的来源正是现实社会，因此学生们有理由谴责这个社会。反抗是什么？它首先意味着拒绝被整合进这个社会，因为他们知道整合意味着什么，知道整合的过程要求他们变得谦卑，知道整合会导致他们人格分裂。反抗意味着拒绝普遍，拒绝整体，拒绝表现出来的异化。反抗代表着不被招安的意志。运动生于否定，为否定而生，本质上是激进的。而反抗可以是激进的，也可以不是。反抗并不从某个局部的"主体"身上爆发，不从"作为某某的某某"身上爆发。它的激进性来自深处，位于有机的体制化社会生活的根基之下：这一源头比"根基"本身还要深。反抗揭露了这个隐蔽的源头。它从该源头出发直达政治之巅，而这一巅峰同样也是由反抗揭露出来的。

雅克·贝尔克（Jacques Berque）说青年由他们"与世界的关系"，而不是由年龄来定义。在反抗运动中，青年并不表现得天真或野蛮。只有极端反动的言论才会这样去看。青年不仅仅表现得兴奋、果敢乃至鲁莽，他们其实是反简化的。青年无法容忍任何实施简化并受到简化的专业化活动，包括所有政治机构。以这些简化活动的名义展开的视野，即便人们试图证明其合理性，也不为青年所接纳。这种拒绝定义了反抗。这样的拒绝甚至达到了拒绝理论的程度，因为进行理论活动，也就是进行分析性思考，例如，展示总体性的思考。（从辩证法的意义上说）它不可避免是特定的，因此也是专业化的。而社会科学与青年相遇了：社会科学向普遍化延伸，克服了碎片与分裂；这样的普遍性知识为青年的自发态度提供了支持乃至依据。反抗什么？反抗劳动分工，也反抗按照官僚主义等级制度进行劳动的技术分工及其社会固化。劳动的技术分工对于青年来说还算是必要的限制。而被技术分工神化并利用了的社会分工却受到反抗。然而事情并不会顺利进行。反抗带着蔑视推了意识形态一把，而这是置身于消极消费行为中关于幸福的意识形态，也是关于纯粹注视投射在纯粹景观上带来的惬意的意识形态。青年要拿什么去代替这样的意识形态呢？用一种活动，同样是参与，却有效、持续、不朽，因此也是制度性与建设性的。它也不会顺利进行而不造成其他问题。

反抗于是诞生于潜在的体制危机，它把这一危机公开，对等级制度、权力及蔓延整个社会的官僚化发出质问。这一激进反抗只可能对自己的否定任务坚守到底：这种否定性攻击"积极的"、"现实的"、建制的庞然大物。它破坏的是那种把现实与它所阻挡的可能性不成熟地等同起来的合理性。政治国家与社会等级的虚幻单位建立在被它们神圣化的分裂基础上，建立在日常生活与公共生活之间、思想与行动之间、物质生产与非物质生产（作品，所谓的"文化"）之间难以忍受的割裂基础上——这一统一的虚幻的大厦注定要从根基上被推倒。正是在这一虚幻单位留下的过于现实的真空中，反抗异军突起。它要填满裂缝，因此才出现。它跨过割裂诉求（经济的、可计

123

数的、限于工会层面的诉求）与政治的深渊，否定专业化的政治，也就是政治机构。反抗超越了需求，它以自己的姿态，在一项辩证的运动中达到了政治的高度。该运动是理论上的反抗与批判性的反抗，是竞争性的整体实践，也是针对该运动的理论反思。

反抗是自发产生的。它自我定义为自发性，有着自发性的眼界与界线。当然，不存在绝对的自发性。"野性"只是种知识分子的虚构。自发性的大爆发取决于为其筹备好爆发的自身条件。

在一次与罗莎·卢森堡进行的讨论中，列宁贬低了自发性。为什么？因为对他来说，革命运动意味着实践与理论的结合，阶级本能与观念认识的结合。列宁认为自发性是当前境遇下的各种主观因素之一。他并未设想或预计到那种自发行为即时呈现目标并加以政治干预的情况。列宁认为，自发性一旦出现，发现与理解它的任务就落在了革命政党身上，政党应该为自发性指明方向，将其带向政治成熟性。从那时起，针对自发性的战争就开始了——以科学的名义、以据信拥有技术指导的起义的名义、以组织的名义。这一教条走得如此之远，以至于将自发性看成完全无效的，甚至看成本质上不合理的，因此人们放弃理解其中的理性，不管这种理性是否表现出来。以某种自诩为马克思主义与辩证法的绝对合理性的名义，人们将自发性确定为特定的无理性，并将其认作敌人。而且一旦知识没有完成它的任务，没有意识到自发性的产生，没有经过教条化、系统化、体制化，知识就被当作有缺陷的。这样的知识被认为起不到指路作用，反而走了偏路。

124

更有甚者，在教条主义作用下产生的幻觉因此消失了。倘若知识是必要的，必须用科学与战略来指导战斗，那么谁又来为科学战斗？没有人。谁会冒哪怕是最小的风险，来捍卫如此这般作为理性形式的战略？没有人。意识形态——假使存在这么一个意识形态——并不是科学。理论与实践的反思消除了意识形态。然而与此同时，内在于自发性的意识形态有时也会激发自发性。这时候不应该以知识的名义将其扼杀。因为这种行为本身也是教条主义的一项特色：扼杀自发的意识形态，而不是去理解它的属性并将它导向超越其自身的实践——就在它出现的那一刻，不早也不晚。

没有自发性，就没有事件发生，就没有运动。没有自发性，5月就什么也不会发生。因此对于所有权力来说，自发性就是它们的敌人。同样，自发性也形成了一种权力。它具备各种条件，因此也具备了方向。既然自发性从定义上看就是注定脱离体制的，那它究竟意味着什么？

1. 一次落后，更确切地说是多重落后。一旦这些落后积累起来，它们就会形成一种现象，一种有趣的形势。因为它不仅仅是大学（在意识形态上、教育学上、教学内容与形式上）相对于市场需求、相对于物质生产或非物质生产、相对于劳动的技术分工与物质分工的落后。这仅仅是那种形势的一个方面。它还是工资相对于生产力的滞后，是人们获得的报酬相对于在消费意识形态的名义下产生的"需求"的滞后。更重要的是，它还是现实相对于可能性及（重新开始跃进的）意识本身的落后，最后也是现实相对于革命本身的落后（最难以赶上的一种落后！）。因此一个各种落后、失调和差距的整体就是法国社会的标志，也是现代世界的标志。那些守旧之人、过时之人和好古之人至今为止的存在、思想和行动并非毫无用处。社会上层建筑（意识形态与体制的）一部分相对于工业生产的要求、组织、规划和制定来说也是落后的。在这些"要求"已经走上超越自身的道路的历史时刻，国家高层还在忙于缩减与它们之间的距离。新的落后体现在工业生产的局限与城市社会成形的迫切之间。新的不协调加在旧的上面，增加了累积效应，又该由谁来应对？针对专业政治机构角色、意识形态与体制、周边恐怖主义的批判反思也应该将上述情况考虑进去。当落后积累到一定程度时会发生什么？它不仅仅会普遍地重创社会与国家，而且在这样的情形下，一个表面看上去十分无害的边缘因素（运动）已经从整体上释放了自发性。

2. 在游行抗议的街头。自发性在街头发起抗议：在没有被体制霸占的社会场所发起抗议，为的是随后延伸到体制的机构内部。该运动的特殊性意味着人们已经开始与城市现象打交道，后者当中有一部分完全新颖独特。街道成为政治场所，正如政治真空处于专业场所中。社会空间改变了意义。不论是过去还是现在，这都不可能不带来风险。转移到街头的政治实践把（经济与社会）实践撂在一边，而后者需要在特定的场所才能进行。这意味着有产生新分裂的危险。

3. 有了自发性，有了作为政治场所的街道，暴力作为事实与麻烦，重新冒头。暴力与自发性相联系，因此也跟反抗联系起来：与那种努力寻找方向、只能通过行动而存在的力量相联系。就这样，历史重新开始。在那之前，历史似乎已经被权力为了自身利益而终结、固定、支配起来。重新提起潜在暴力与公开暴力之间的联系很有用。权力可以满足于潜在暴力。权力倾向于不使用自己粗暴的干预能力。权力情愿将自己的潜在暴力保管好，这是战略的一部分，是来自马基雅维利的古老思想。不分场合使用军队或警察进行镇压的政权并没有理解绝对政治的概念。根据该概念，只有在需要彻底摧毁敌人的情况下才应该使用武力干预。而今，这些强制力量的部分干预与威慑承担着抬高敌人身价的风险，也就是将敌人升格为谈判对象。若非慎重拿捏分寸，此举最好不要实行。然而权力的潜在暴力会激发将它揭露的反暴力，反暴力有可能让权力感到不安，有可能迫使权力将潜在暴力铺张开来，造成致命一击。甚至还会出现权力穷兵黩武过后反暴力溃败的局面。在这种情况下，纯粹暴力的浪漫主义有可能爆发。它包含一种哲学：关于无条件自发性的存在论，关于暴力的形而上学。很长时间过后，在历史与

126

历史性中，在平和的共生中，在社会关系的停滞与落后的"无意识"积累中，阶级斗争已经变得淡薄朦胧。当前的局势有利于这样的哲学故态复萌。对青年而言，"耶耶时代"[1]过后，他们迎来了悲剧时代。关于均衡的意识形态、增长、和谐化过程全部都在土崩瓦解，随之而来的是对新的绝对之物的追求。人们在巴黎街头听到"死亡万岁！"[2]的猛烈呼喊了吗？当然没有。让追求黑旗[3]的人引以为傲的光荣，就在于他们从未在自己的生命不受威胁的情况下，将别人的生命毫无保留地投入危险——不管别人是敌是友。可是在如此荣光、如此意愿之下，却寄生着造就一个毫无光荣可言的"世界"的巨大危情，而这个世界的唯一意愿就是延续下去。

4. 事实上，深层自发性不仅仅对应着落后和不协调。它如同征兆，意味着新矛盾添加在旧矛盾之上，后者隐蔽、模糊并受到削弱，但从未解决。理论分析应该全神贯注应对如此戏剧化的纠缠与混乱，直至将其完全澄清，可供其利用的成熟工具则是在局势与事件中变得敏锐的辩证法思想。它看上去已经

1　原文作"la période yé-yé"。"yé"是法语对英语"yeah"的音译。原指 1960 年代受英美摇滚乐影响而风靡于法国与魁北克的流行音乐潮流，后广泛指代战后婴儿潮造就的 1960 年代的青年文化，具体时间大致是 1960 年至 1966 年。——译注

2　原文作"¡Viva la muerte!"，西班牙语，是西班牙内战爆发后在青年中掀起的反佛朗哥运动的口号。——译注

3　原文作"le drapeau noir"，象征死亡、反叛和无政府主义，在 1968 年曾被巴黎学生及部分外省学生广泛使用。——译注

钝了，它过去确实如此。如果辩证的分析做不到理解（新旧）情况，做不到将其整体揭示出来，做不到赋予其意义，它就是令人失望的。对暴力的拥护可能再次唤回那种可悲的意识，它反抗关于变化的辩证法，就像关于变化的辩证法反抗"结构主义"那样，因为后者是关于不变的意识形态。换句话说，深入关注自发性意味着同时为其划定界限。而这正是被纯粹自发性所忽略的理论。

V 溢出战略与战略溢出

战略分析为我们保留了不少惊喜。它是理论与概念的工作，针对预设为事先策划好的行动与一连串行动。战略分析关注权力及其手段，它认为此二者相互协调，这其实也是一种预设。**权力**（当然是国家权力）意味着使用武力，这包括使用武力的事实与可能性。权力也意味着一种思想。没有思想，权力就会丧失其手段。没有思想，权力就会解体，阴谋、政变和谋杀就防不胜防。而思想需要自我陈述与自我说明，因此权力以词语和言辞为前提。权力在言辞中安身立命，也作为言辞来使用武力——这并不代表权力仅仅是词语。

战略分析冒着风险、带着幻觉：预设掌权人士中存在极其明智的政治天才。这种以实用为目的、全凭经验的方法因此得以自我阐释，并将自身呈现为战略决策。这并非小小的不便：以经验的方法得出的角色替代了战略本身——我们的分析对象。

除非我错了，否则今天的政治战略已经达到难以捉摸的巅峰。人们登高远望，对长远的未来作出预测，这样的长远与"绝对政治"的概念有那么点儿联系。人们不惜让敌人先行，为的是提醒虚弱的盟友，就像提醒退却的友人那样，给他们看看自己是怎样不可或缺。这样的做法会产生不少后果。它有可能抬高敌人的身价，最终也有可能吸引敌人的全部注意力，因而把注意力从真正的问题上引开，掩盖真实的军事行动与事态进展。因此人们选择战场中的关键敌人。国家权力一开始的时候对学生运动简直宽宏大量，起码是听之任之，没人会忽略这点。为什么？为了刺激那些过时之人与好古之人，让他们因此振作起来；为了指出落后之处，为那些看上去能够迎头赶上的举措开辟道路。运动随后溢出原先事态的范围，显示出这样的战略游戏带来的危险。

战略尽管化作二重身，却依旧在绝对政治里维持一定的统一性。此二重身，一个是明显、公共和公开的战略，一个是隐蔽和秘密的战略。前者的显著并不影响其有效性，它更近似于战术，但始终是战略的一部分。后者长远看来也不会变得明显。它只在各种各样的曝光活动中流露一二，旨在警醒与刺激公共舆论——如果人们可以从广告、宣传、劝慰和恐吓的种种形式中把握其政治特性的话，就能看出这一点。

每个战略都冒着超出控制范围的危险将武力提上日程。这种武力的溢出并不仅仅是超出后勤或计算控制，这样的溢出很好预计。一旦发现，人们就能截断或摧毁这样的溢出。然而这并不意味着没有新的危险产生。在所有战略制定中，指挥者可以进行二选一：要么尝试将敌人的机会缩到最小，要么尝试将自身的机会扩至最大。这也不是可以毫无风险进行的战略或战术行动。战略计划及其分析只能使用关于机会与可能性的术语。

基于某种关于处境的逻辑，甚至把当下处境简化为逻辑而畏惧"冒险"的指挥官没有战略，或者不想要战略，或者只想用该逻辑将战略隐瞒起来。战略逻辑不是形式逻辑，而是辩证逻辑。

想要理解这种战略，就要提出一系列问题，用最简单的形　129式就够了："谁？怎么样？为什么？"而答案从不简单，因为分析必须确定实际敌人与现实目标。例如，在绝对政治层面主动开展战略行动的人，会选择某个自身战略溢出并向他本人溢出的人作为敌手。选择这样的"合法"敌人，是为了将敌人限制于合法性之内，哪怕有朝一日必须以合法性的名义击败该合法性。现实的敌人是一切溢出性力量的整体。虚构的敌人则自觉负有双重戒备后方的义务，为的是不在关于合法性的游戏中缺席。他同时拥有使得该戒备成为可能的行动自由。全面戒备由此重新进入政治游戏的战场。

然而实际行动则不是这么回事，它不光在街头发生，而且超出控制范围，既不考虑游戏规则，也不考虑游戏本身。

采取行动的人负责密谋并完成行动，而利用他们的人到头来背信弃义，这并不新鲜。新鲜的是战略不属于任何人，只有能够实现它的人才能拥有它。战略构成什么？构成一种形式。该形式的内容就是行动手段，就是实施行动的工具。政治领袖能够在缺乏手段的情况下制定战略，拥有行动手段的人则接过该战略并努力去实现它。拿某个历史时期举例来说，1933年，法国完全可以制定一项国际范围内的"独立、伟大、繁荣"之战略。它甚至曾经强制该战略实施。无足轻重的小小政治家们只能得出这样的认识。他们停留在战术层面——对内采取竞选至上主义，对外采取因时制宜的结盟政策[1]。目前的法国国家元首[2]倒是知道要从反对派手中夺过战略主导权。与那些小小的政治家不同，他是在宏大国际政治的巅峰采取行动，却忽视了一些国内正在真实发生的内部矛盾。那么如今在 1968 年 5、6 月份，国家元首又试图如何呢？夺过战略主导权——唯一能够制定的战略——国内战略。高超的战略导向"绝对政治"，它将尽可能利用自己创造的条件：真空。它的作用是什么？重建社会生活。它的必要条件：社会群体（学生、青年、工人、技术人员）积极参与。倘若反对派能够制定一项战略，它就应该从普遍工人自治纲领出发，而不是满足于规划层面的小打小闹或寄希望于在现存国家体制下进行国有化。然而反对派没能采用上述战略，因此在某种程度上缴了械，变得不堪一击。官方战略则并不缺乏勇气。它甚至有勇气试一试社会主义与资本主义之间的第三条道路（那尽人皆知的"第三条道路"）。现在人们会问，这一官方战略是否拥有实现它的手段。国家想要将那些由国家机构造成并充盈于国家机构周围的社会真空填满，国家在权力巅峰召唤那些只有可能来自最底层的人起来，这难道不是绝对政治的终极矛盾吗？

---

1 1933 年，法国与英、德、意在罗马签订由墨索里尼主导的《四国协定》。——译注

2 夏尔·戴高乐。——译注

VI 论权力的二元性

要分析眼下的情况，辩证思想就要使用准确定义的新词，专为过渡与不定因素而设计。**权力**本身是什么？是权力的影子或影子的权力吗？当然不是。在掌权人士面前有若干控制面板。只要轻轻握住手柄，按下开关，现实权力就会随之运转。然而萦绕欧洲与世界的、险胜马克思主义的那个幽灵——绝对政治，包含某些不现实性。它重建了权力意志的所有幻觉，所有关于国家的政治与司法假象。它在自己周围创造出恐怖的真空，并在这样一个历史时刻自我宣扬，大获赞誉。需要重建的是整个社会，因为它所有的上层建筑都变得贫瘠，有时已然崩塌（正是上层建筑而不是某种集合体使社会成其为社会）。绝对政治的概念告诉政治家应该怎么做，还让他们通过**权力**重建社会。这简直是某种不识自身界线的合理性在胡思乱想。

列宁认为，权力的二元性为革命产生提供可能。一个权力衰落，另一个便升起。这就是巴黎公社时期所谓的共和派政府与国民自卫军中央委员会之间的关系。这也是 1917 年的克伦斯基派与苏维埃的关系。如今（1968 年 5 月底、6 月初），法国有没有潜在的或实在的权力的二元性？可以这么假设。一边是在共和国和解放的大旗下（"解放我们的工厂！"）跟盟友们聚在一起的资产阶级，另一边是工人阶级及其盟友，他们则高举民主与自由的大旗。然而这只是个表象（在此辩证命题的前提下："一切表象都包含某种有可能实现的现实"）。这两种表面的权力实际上是同一种东西，至少它们所处的领域相同，那就是现存国家与议会游戏的合法性。这是一个被掌握行动主动性的人占据的领域。因此，在政治行动的领域，有两股力量，但只有一种权力。

对于认同体制的人和政治家来说，权力的二元性不可理喻，难以容忍。因此人们几乎不去谈它。即便人们真的谈论起它来，那也是在抽空该概念的内涵的情况下。然而议会似乎看不见社会真空与意识形态真空存在于绝对政治周围，议会辩论由于缺乏该议题而令人失望，因此第二股力量看上去有意重新组建议会生活。然而它冒着隐藏真空、掩盖权力机制与"底层"之间缺乏沟通的事实、把所有如此这般重新出现的机构交到"阶级"敌人手上的风险。尽管如此，某种宏大逻辑还是守住了阵地，然而不幸的是，它也面临着必须拯救某个已经失去自身一致性的系统的普遍逻辑的风险。

目前处于这一所谓"历史时期"的法国，其处境最让人吃惊的特性在于，曾经存在而且依旧存在第三股力量，那就是反抗与自发性的力量，街头的力量。在某种意义上，这一游离于权力之外的权力曾经是、现在也还是最真实、最具活力的。它能够摇撼一个社会，更确切地说是发现并证实这个社会的体制危机，这说明它是一个有效的权力。然而该权力几乎无法构建自身，无法进行自我确认。通过反抗与运动，具体力量变否定为肯定，然而该运动该如何在否定权力的同时成为权力？反抗又怎么会接受体制化？这只可能恢复自发性，恢复其占据社会裂缝与窟窿的冲动，首先辨认出真空的轮廓。是的，自发性带来某种巨大的可能性：自下而上重建社会，从一个体现（而不是代表）一切利益、一切渴望、一切自有的底层组织网络出发，这是在运动中实现的建设性与创制性民主。这样自下而上的民主强烈反抗由上层支配并维持共和国（公共事务）[1]。自发性从现存国家的堕落与局部解体出发，对有关民主国家的论述提出质疑。马克思是怎么想的？他认为民主从矛盾中发展起来。民主需要国家，但民主同时有意消除国家，因为如果不这么做，民主就会作废。有一种可能性，它在广阔的社会空间中重新安置了社会性中间机构，该空间在底层社会实践与绝对政治的中心及其机制和行动工具之间延伸。目前来看，这样的可能性也许只是简单的可能性。如果真是这样，人们就会投身于一场宏大运动，一场总罢工，它不缺乏政治内涵，只是政治在产生之处就已经被遏止了。历史就会成就一个没有革命的革命性情境。在一道已经开裂的墙面上，开放不会成为运动的出口，这

133

---

1 "république"（共和国）一词源自拉丁词 "res publica"，字面意义即 "公共的事务或事物"（chose publique）。——译注

是毫无争议的。消除中间机构过后，各阶级与工人阶级面对面也不会取得任何成果，而阶级与工人阶级本身将再一次被**主权权力**与**民族国家**否定。（竞选与议会）战术暂时让位于战略的努力注定失败。反抗者摇撼宏大意识形态，也就是关于增长、经济、绝对政治与国家的意识形态的努力同样会失效。

然而新的真空真的有可能出现吗？人们会在经济、社会和政治中看到分裂重新出现吗？出现在日常生活同文化和政治产生的平流层之间？出现在一方的消极抵抗与另一方的决策能力之间？人们会看到关于"非意识形态"的意识形态开始自己的统治吗？似乎并无可能。这样的运动退潮过后，毫无疑问会在别的地方以别的方式再生，这倒是很有可能。第三股力量——它绝对不代表"第三条道路"——将催生方案、观念，以及上上下下彻底转型的社会实践。第三股力量的干预已经通过行动强调了良心的重要性，也通过行动轻蔑地否定了"主体性"。现在，第三股力量的任务不仅是占据社会真空与其他场所，而且是"积极地"用来自良心与社会现实本身的东西去填满它们。理论家的任务不可能走得比这一论证更远了。除了指出社会实践所能完成的任务何在，他别无他用。

VII 论工人自治

工人自治的概念与实践是如何独创性地回答了马克思提出的生产资料社会化问题的，又是如何避开了自马克思以来在集中化权威计划的经验中产生的困难的，这些都已无须多作提醒。或许应该强调工人自治不是任何魔法或灵丹妙药，它过去和现在解决了多少问题，就制造了多少问题。它作为原则一经提出，就止步于"思想"当中，不论是在高度工业化的国家框架内，还是在不乏新意与独特性的世界形势下，都是如此。工人自治并不消除阶级斗争。工人自治可以刺激阶级斗争。没有工人自治，职工参与管理就毫无意义；没有工人自治，参与就会变成操纵，变成意识形态。只有工人自治才能让职工参与管理制度变得有效，并将其纳入向整体普及的过程当中。工人自治和职工参与管理制度一样存在着问题，而且是很大的问题。人们在改变复合社会中的社会生活时不可能不碰上障碍。工人自治若是与其问题及整体理论方案隔离开来，它就只是"空洞口令"。人们若是将其隔离，就是让其变得空洞。人们开始进行关于工人自治的论述时，就玩起了对国家统制经济进行狂热崇拜的文字游戏。工人自治这样的口令诞生于社会生活的裂缝中，也就是被国家凿开的真空当中，它在这里或那里都表现为一种深层社会需求的表达，它不可以被隔离开来。它指向一个注定要填补真空的普遍方案，前提是经过详细说明。或者工人自治的内涵、它身上的社会与政治内容铺张开来，成为战略。或者方案失败。而空洞的乃至相当危险的口令是"劳资共管"（cogestion）。这是对管理的观照，是对官场框架下的管理提前进行有限的反抗，而不是反抗整个框架，劳资共管与工人自治并不兼容。伪革命的改革主义只会改善同一种制度下针对同一种事物的同一种管理，在"利益相关者"的帮助下进行重建。与此相反，工人自治将会带来什么？

1) 给现存系统开一道口子。在现存系统中，决策中心管理生产、组织消费，不给生产者与消费者任何具体自由，不给他们任何真正参与选择的机会；

2) 一个风险——淘汰与回收的可能性，尤其针对"劳资共管"中那些折衷与堕落的形式。而在工人自治下，即便是地方或局部的利益，都能给社会带来整体利益；

3) 宣布经由这道被工人自治拉开的口子，某种进程将会扩大到整个社会。

将这项进程限制在经济事务管理（企业、工业分支，等等）上是不对的。工人自治意味着一种社会教学。它以在所有层面上进行的新的社会实践为前提。该过程会导致官僚主义与国家集中管理的崩溃。工人自治会遭遇困难：市场与市场作用、关于投资的普遍问题，等等。在国家集中化与从整体出发去集中化并给予地方和局部优先权之间不存在选择的两难。这样的两难是关于绝对政治（国家与政治的绝对化）的意识形态的一部分。没有什么不能克服的阻碍，没有什么不能解决的问题。这还是有可能实现的。工人自治的过程、社会实践与关于该实践的理论意味着在基层建立一个复合网络有机体。实践与理论会 137 对形式民主下关于代表与代表性的经典概念进行改造。基层的多重利益必须得到表达，而不是"代表"，后者意味着受到委托的代表与其代表的基层相分离。有效的工人自治与职工参与管理不可能与直接民主的"系统"割裂开来，该系统与形式上的"系统"比起来，更接近永久的而且是永久革新的运动，它自身的组织能力非常强大。在所有层面上，关系将发生改变：积极公民与消极公民、管理者与被管理者、决心与挫折、主体与客体的旧关系都会取消。那里存在骚动的机会，言语的统治与官僚主义文本的对立，这全都是给建制秩序的支持者带来麻烦的关键。至于整体与对整体进行管理，可以引入新技术。生产力底层的自动化——使用电子设备（电脑、计算器），能够为去集中化管理提供自上而下与自下而上的信息，这些新技术是新可能性的基础。只要我们是以确保国家与官僚机制的衰亡而使用它们，而不是为了在技术官僚制层面加固这些机构。

在作为进程的工人自治面临的所有威胁中，回到某个生产单位或生产分支的行会利益上来并不是最小的一个（按照广义的词义来理解，这里所说的生产包括智力生产，也就是作品与

"服务"）。人们以为自己正在超越特殊利益，而其所作所为却恰恰是在保护它。**大学**因为自己在社会转型中保持不可或缺的地位，就自认为是关键角色，这是新行会保护主义，对于建筑师与城市规划者、行政管理与司法权、技术人员与信息专家等来说，都是同样的道理。实施简化并受到简化的一切专业活动，都必须经过必然来自工人自治并充实工人自治的自我批判。工人自治意味着自我批判，因为自我批判能够不断察觉那些进行自我管理的单位与社会整体在功能与结构上的局限之间有何关系。

138 劳资共管与自主管理会导致什么，这很容易看出。大学、学院和院系进行自主管理特别容易导致过时，导致向市场要求盲目屈服，批判活动权遭剥夺，教学与知识被置于前所未有的肮脏轮轴之中。

  那么工人自治是不是一个恢复日常生活重要性的机会呢？毫无疑问是的。工人自治这样的革命性过程始于撼动日常性，终于对其进行重建。对于日常，该进程撼动了什么，又占有了什么？它是对那些把日常与非日常割裂开来并由此建立了日常之物的颠覆行动。那些我们提到过无数次的分裂（私人生活、劳动、休闲、社会生活、政治生活——简化至庸俗修辞的官方文本与言语）会在它的作用下崩塌。社会实践自发地摆脱创制分裂的一切，也就是所有体制。就这样，在这里，体制危机有了意义，人们无权将它简化为权威的危机。反抗如果只针对权威，而不针对该政权维系的整个社会，就不会茁壮起来。工人不会停工，因为他们的老板充当了父亲的角色。工人反抗家长统治，因为后者象征着一种社会秩序，并使这种秩序可感。工人通过表达立场瞄准这种秩序。面对权威也就是决策权力时产生的羞耻与厌倦同权威本身一样重要。这样的权威往什么上面施压？往那个由这样的权威建立并创制的日常生活上施压。

在紧张与失序中，人们开启了，甚至是毫不夸张地发现了"不被打断的演讲"，人们在不仅对家长或雇主权威，而且对其目标与结局——日常生活——提出质问的 5 月的行动中发现了它。在日常生活压抑的内涵中，常识与无关紧要的话语批准了庸俗。这些受到简化的活动除了实施简化还能做什么？同时被其活动所掩盖并揭示的目的是什么？是维持被简化为消极服从的日常性。自从演讲、街头行动、自发性失序不再接受消灭异化的过程，日常的秩序便在地上牢固地重组。秩序动荡看上去与日常的动荡不无不同，因此对日常的重建支撑起对社会秩序的重建。停止日常生活意味着缺席的总和：没有邮件、没有汽油、没有交通，等等。而今相关网络与流通重新畅通，带回了石油、邮件、铁道、邮政汇票和银行支票，它们不只是若干生活手段，重要得多的是，它们还是整个日常性。不过就是为了那么点儿使用价值，交换价值的统治与商品世界恢复如常。日常生活是个坚不可摧的领域，因此才承载着整个大厦，大厦则在该领域自我建设、自我整治。那个进程——反抗、罢工、

139

所有运动——撼动了这个领域。但该领域承载与包含的东西让它重新变得坚固：划分好的等级，更多幻象，更多词语。这并不代表日常生活就因此完成了自我超越，但是它维系的那些作为这个社会自处之层次与 (质朴) 土壤的分裂有可能自我超越：由工人自治进程在它自身当中完成这一超越。

对 5 月发生的事件进行仔细检验过后，还是有可能保留下不少惊喜。在 (由特定机构强制颁布的) 指令之外，可能还存在着某种探索性的、不均衡的工人自治尝试。人们已经看到"事物"是怎样不依靠词语出现的，行动是怎样不依靠思想开展的。在不少地方的包括干部在内的职工大会上，人们夺过管理者的职能，却丝毫不侵犯厂长的职能。这表明该过程已经展开，不可逆转。

工人自治为日常生活指出一条通向转型的道路。"改变生活"，这句话很好地定义了这一革命性进程。然而生活的改变不靠魔法，不靠诗意的行为，这是那些超现实主义者的信条。把言语从奴性中解放出来是必要的，但并不充分。日常生活转型同样要通过制度。就算一切都必须说出来，仅仅是说也不够，写更不够。超越分裂的社会实践能够创建新的制度，去超越那些认可分裂的机构，这样的社会实践有一个名字，但它无法简化成一种语言。

VIII 关于世界性

让我们快速浏览一些已知观点。和平共存？它有其自身逻辑。苏联？它存在。不论用哪个定义，不论该定义是否是马克思主义的，苏联都是社会主义的。根据绝对政治的观点，社会主义的定义属于意识形态。该观点的政治论据？苏联存在及强调其存在的战略。这就是为什么人们不愿在西欧建立原创性社会主义民主制度。在目前的形势下，这样的新路线首先让捷克斯洛伐克有别于苏联，然后轮到其他人民民主国家（波兰、匈牙利和罗马尼亚），然后轮到其他国家，比如，意大利。建立这样的欧洲，并与英格兰相联系，可以形成一个以自己的方式应对国家社会主义的新型政治实体。很多人对此不以为然，原因很简单，因为至今为止，国家社会主义只有唯一官方定义、唯一标准和唯一纲领。

那么美国呢？美国的帝国主义呢？很显然，1945 年，欧洲大陆上出现的美国军队禁止任何革命性视野。今天，美国军队占领了别的地方。一个人必须相当缺乏诚意，才会发声指控那些抗议巴黎和谈[1]的"煽动者"是在搞破坏。再者，美国的声誉一落千丈，"美式生活"再也吸引不到任何人。美国神话与

---

1 指"越战"期间美国与越共在巴黎进行的和谈。——译注

意识形态几乎从舞台上消失了。

过去的几年时间改变了青年体验与理解的历史图像。即便在法国与其他地方出现了一股强大的思潮，它否定以往为基于经济与技术理性组织社会的意识形态利益服务的历史，然而历史还在继续。一种在西方文化中广泛传播、很有代表性的经典思想认为个体造就历史。源自马克思的一种代表性思想认为大众造就历史。最近浮现出来的世界历史图像则把造就历史的能力归结到少数人身上。小小的越南成功抵抗了美式庞然大物。围绕在菲德尔·卡斯特罗周围的若干人联合起来，就改变了一个国家的面貌，推翻了独裁者。切·格瓦拉则曾经试图夺取整个南美大陆，他的形象如今宏伟得近乎神化，他将自己的面容与革命融为一体。大众需要煽动者，需要投身于造就历史的个体接受人们赋予他们的英雄主义与牺牲精神。如果没有这些个体采取主动、施加暴力，就什么也不会改变。

检验共同市场的死期与财富问题是专家们的事。世界局势还有有待政治分析去完成的其他角度。经历一阵休克过后，去殖民化在工业化国家以未曾预见的方式作出反应。压制他国的国家不得自由。那些充当帮凶的锁链只有靠着无知与消极才能将压迫施与被压迫者，还将后者束缚起来。作为殖民者的国家凭什么获得自由？然而这会造成矛盾的状况。地区、群体（青年）、阶级派系（工人或农民）发现自己遭到殖民。被谁？被决策中心、权力中心和积累财富的中心，也就是城市中心，更确切地说是围绕城市现实的破碎而建立的中心。自相矛盾的是，新资本主义的剥削披上了这层外衣：内部殖民。而且人们已经意识到了这一点。组织性资本主义在大都会继续搞殖民活动，对国内市场下注，以殖民的方式利用国内市场。对生产者的双重剥削与对消费者的剥削一样，把殖民经验转移到前殖民国的人民身上。这一世界性影响作用在国内，产生了多种多样的后果。大都会人口被重组，纳入隔离地带（郊区、外国人、工厂、学生），新建城市则让人想起殖民城市的模样。在普遍压迫下，出现了不同的复合体，它们重新赋予民主、演讲、观念交换和方案探讨以价值，这是唯一能够打破隔离的方式。

由此，变得更加强大而灵活的剥削首当其冲受到反抗，包括知识、权力，以及此二者在压迫与抑制力量中的融合也受到反抗。随着种种差异表现出来（这正是雅克·贝尔克所坚持的），创造欲或"创造性"成了社会需求，它不再因为技术的压迫而感到不堪重负，因为后者当中包含的变化性也让权力与知识的固定框架失去了影响。差异与差异表现的复兴同时伴随着发展不均衡及其底下蔓延开来的新矛盾。

新的划分随之出现。最古老的边界横亘在人民与国民之间，这要追溯到新兴资产阶级的政治行动[1]上。较新却深深扎根于地面之上和意识之中的界线则位于社会阶级之间，这要追溯到

---

1 法国大革命。马克思主义史观将大革命定性为资产阶级革命运动。——译注

工业增长占据统治地位的时期。这些界线尚未消除，更为显著的新界线又在权力中心（决策、财富和信息中心）与它们的附属区域和半殖民区域之间作出划分。在这些中心周围，经济通过它们并为了它们成了政治与政治管理的对象。由此产生了绝对政治，它的鬼魂与关于它的偶像崇拜，统一了真空当中的权力，真空包围纯粹权力及其实施。正在实践中慢慢实现的革命的自发性并非与最近的划界无关。这种自发性指出新的边界，在该领域乃至全世界标记出这些边界。如果自发性攻击等级制度，那是因为它瞄准了权力极。工业生产中关乎无产阶级生活的单纯物质与功用条件已经无法对此作出说明。此类解读很快就会无人研究，可是它们还没有失去所有意义。它们确实已经无法解释自发性、暴力和反抗的世界性属性。或许法国发生的骚动与自发性运动是因为社会现象的两个群体发生了重叠，这就是生产中的旧分界（社会阶级、地位、功能）对我们尚有价值的地方，然而如果不加入其他参考项（半殖民化或自认为受到半殖民的群体，它们散落于权力中心的附属地带：贫民区、郊区、外围、青年、学生），人们就无法完全理解"五月风暴"。其他对它进行解读的尝试都局限在局部视野中，例如，心理学或精神分析学[1]——此类受到简化并实施简化的观点还达不到政治的高度。

1　特别参考埃德加·莫兰于 1968 年 6 月 5、6 日发表于《世界报》的若干文章。

人们尚不能确定，物质匮乏的时代是否已经在世界范围内彻底消失。不过发达国家（完成了工业化与城市化的国家）已经超越了贫困。有一点是肯定的，那就是新的组织形式正在形成，正在超越历史上与物质匮乏联系在一起的、对少量社会过剩产品进行分配的制度。在世界范围内，它与新的解读、新的方案一起形成。

IX　城市现象

现在让我们将分析转到问题周围，谈谈问题的关键因素。由于存在新现象，尤其存在与工业社会的城市化联系在一起的问题，因此该如何定义这些现象之间的联系：并置，重叠，还是"超定"？本文的分析不用比喻，尤其不用机械类比（诸如雷管、回声之类的东西）。这一分析通过转移问题而指出问题所在。这些比喻会导致起因（学生运动）与结果（总罢工和体制危机）相分离，因为它们会强调该起因与该结果之间的不对称性。这是种双重不公平的解读：既是理论谬误，又是对该运动的贬损。即便学生击败的只是知识资本主义与资本主义的知识，只是与资产阶级的认识相对的认识的资产阶级化，他们也不应被当作广阔现象的偶然性起因。一步步进行到现在的分析已经可以得出结论，而结论又会开启新的分析。"五月风暴"的过程意味着两组相互区分的理由和起因：一组属于（新旧）矛盾分析范围，另一组属于发展不均衡（隐藏、加剧或减轻矛盾的进展）分析的范围。在社会空间与政治空间中，生产场所并未丧失其所有重要性。远远没有。工人自治及其着手开展的过程要赢得整个社会，就不可能不从这些场所开始。然而，相关利益与重要性渐渐转移至决策中心（知识与权力的中心、信息中心、技术与财富积累的中心）。这就是宝贵的城市现象，或者城市现象的集合。人们可以预计此类现象带来的双重效果。首先它们引入新矛盾。更有甚者，面对这些新现象，建立在工业化基础上的旧上层建筑（意识形态与体制）及该时期的社会关系与政治关系都会发生或多或少、或明或隐的落后。政治的上层建筑、专业化与体制化的机构并未被我们的解读排除在外。

分化与分裂在劳动分工——技术分工与社会分工——中找到自身的起因与理由。技术分工从生产力及其层面与组织出发，在实现自身的时候理解了自身。社会分工包括官僚制度等级与技术分工相重叠，加剧其后果，并根据资本主义管理的利益与理性改进技术分工。劳动的技术分工与社会分工因此根据生产"要求"与工业增长而制定。某一时刻，它投射在地上。隔离是劳动分工的极端形式，以这种形式配置并执行的分工增加了从前的分化带来的后果与影响。在固化的社会空间内，新的后果与影响维持并加剧旧的。原先在社会分析中可以分割的功能，如今与行动分割开来。这种分裂既抽象又不完整，因此成了完美的分裂，分裂的完成则宣告了分裂的结局。分裂在地上实现，它也可以在地上完成自我超越：在街头完成自我超越。在街头，学生与工人相遇，早已被简化为功能的理性重新找回了发言权。某些意识形态，尤其是纯粹智力分析，在实践中实现自身。某些政府机构也是这样。而正是如此，这些意识形态与政府机构落后了，在它们自身的实践中深陷泥沼。城市现象伴随着以工业增长为基础的上层建筑（包括"城市化"本身！）的衰退。
这种无法保证社会发展的增长连同它的意识形态、合理性和机　147
构一起失掉了信誉。

新无产阶级？"新工人阶级"？它们不会在高度技术化的
工业内部相遇，而是在廉租房、城中村、城市和新街区相遇。
这样的无产阶级不再受到旧式贫困或人们所说的无产阶级旧烙
印的影响。无产阶级有房子住，可以吃喝玩乐。对经济学家来
说，这样的"生活层次"看上去令人满意。可它不令任何人满
意，不管是从个体需求的角度看，还是从社会需求与文化需求
的角度看，或是从涉及生活方式的角度看。在这样的生活层次
上，他们容忍贫困状态与非政治参与状态，将这类状态错误地
接受下来。对耻辱与自由匮乏的感知非常敏锐，它们来自决策
中心和社会生活核心的在场（与缺席）。在这里，人们体验这
多重形式的异化，这种生活体验朦胧不清，但足以造成苦涩的、
深刻的焦虑。在这里，自发性一下子出现。青年工人从中诞生，
带着对全部权威压迫与现存"现实"的盲目或清醒的仇恨。老
一代人提出的主要还是经济层面的要求，他们过去与现在都想
要更多消费品，想要工资增长，用一句话说，就是想要终结过
去的不幸。而年轻一代想要的则是别的东西。冰箱与汽车不再
吸引年轻一代，不再让他们觉得惊喜或满足。

这样的青年寻求新的生活方式，或许甚至能将其带给我们。

这些年轻人经历了寡淡无味的"耶耶"[1]浪漫主义，他们超越了这个，并且走向一种革命浪漫主义，不要理论，只要行动。他们有一种令人吃惊的"意愿"，意愿在反抗时提要求，在提要求时进行反抗。在示威中瞧见过他们的人会为他们的风格而惊讶：他们在暴力中是如此放松，他们无忧无虑地带着超验的勇气出发，往往行走在黑旗之下，去征服城市与生活。

他们确实是工人阶级中的新一代人，但这并不意味着代际冲突。年轻人成长于其中的那些条件塑造了他们，使他们变得敏感。对于青年来说，这些条件并不特殊。他们与各个年龄层的人一样，处在同一种情况下。

148　　在这里，也就是在这些条件下，人们以某种令人迷惑却强悍的方式接收关于世界与历史的新图像。反抗行动则从中自我给养。因此存在一个代际问题，但它绝不是关于不同年龄层相互斗争的问题。人们如果这样理解，就相当于把政治现象简化到了社会心理学层面。

说到工人自治，它不能把自己局限在生产场所中。该过程应该启动扩张至所有社会场所的行动：一切存在"使用者"的地方。基层组织网络会涵盖所有"利益"，或者其实是将利益不断缩减。南斯拉夫的模式显示，将工人自治扩展到城市现实中的"使用者"，以及这整个据信受到生产与消费、交换与使

1　见本书第 168 页注释 1。——译注

用双重影响的现实身上，是有必要的。该模式也显示了个中困难。从这个角度看，在所有突然来到或表现出来的那么多城市现实中，有着分析越来越难把握的意义。针对城市现象的认识才刚刚开始，城市整体实践也是如此，它正慢慢从工业的整体实践中脱离出来。

X "突变"

关于 5 月发生的事件或若干事件，存在进行多种分析、采取多种视角的可能。科学并不站在教条主义那边，这也从来没发生过。观点与视角不服从于任何单一的规定。尽管如此，还是需要说明这种相对又有限的教条主义观点是如何集中起来的，抑或是如何产生分歧的。这是只能从整体实践层面即政治层面提出并解决的问题。

人们可以从知识的观点出发，通过检验其内容（分析或综合、局部或整体、从某些"学科"出发或集中于某个整体性概念）与传播（教学形式，或多或少的权威性与教条性，或多或少由教学内容决定，抑或是由教学机构的目的与社会功能决定）来检验这一事件。于是人们转移到体制批判上来，**大学**是其中的机构之一，它被这一事件照亮。因此体制与社会的关系来到了分析的第一顺位。这意味着研究功能与紊乱，体制的终结，同时对一般意义上的机构与社会作出反应。分析一会儿研究这个，一会儿研究那个，以便达成互逆批判。

有好几次人们都提到了一种十分重要的分析，它从（社会）劳动的技术分工出发，证明劳动的社会分工与前者相互重叠，它改进并转变技术分工。等级化与官僚化如何取得强制权与技术控制权，并在社会范围内将其朝着地位、权力和收入的方向转变？与其以经验主义的名义认识并认可这一格局，或以操作主义的名义承认其价值，批判认识不如加入并壮大反抗阵营。这样的分析是否可能？"五月风暴"表明，打乱社会分化与建制等级的（反抗性）实践为这样的分析开辟了道路。该分析会动摇作为合法性依据的意识形态，而正是这种意识形态，给检验如此不可思议、错综复杂的相互作用带来难处，甚至使其无法实现。

在这一路径上进行分析，可以基于意识形态的概念更新。马克思主义中涉及社会阶级及各阶级关系、中产阶级及其犹豫动摇性、工人阶级及其经济与政治问题的"经典"观点依旧重要，但有一个前提：该分析必须挣脱教条主义与政治机构的权威主义束缚。因为一旦它们作为中心，用决策能力给分析施压，就会消除辩证理性的批判性力量（该理性本质上"是"运动，与运动相联系，把握并理解形势与事件），分析的辩证理性就会因此瘫痪——而这早就让人难以忍受了。

　　法国是这样一个国家，在那里历史上的阶级斗争，比起其他各国来每一次都达到更加彻底的结局；因而阶级斗争借以进行、阶级斗争的结果借以表现出来的变换不已的政治形式，在那里也表现得最为鲜明。法国在中世纪是封建制度的中心，从文艺复兴时代起是统一的等级君主制的典型国家，它在大革命中粉碎了封建制度，建立了纯粹的资产阶级统治，这种统治所具有的典型性是欧洲任何其他国家所没有的。而正在上升的无产阶级反对占统治地位的资产阶级的斗争在这里也以其他各国所没有的尖锐形式表现出来。正因为如此，所以马克思不仅特别偏好地研究了法国过去的历史，而且还考察了法国时事的一切细节，搜集材料以备将来使用。因此，各种事变从来也没有使他感到意外。[1]

> 无产阶级革命［……］则经常自己批判自己，往往在前进中停下脚步，返回到仿佛已经完成的事情上去，以便重新开始把这些事情再做一遍；它十分无情地嘲笑自己的初次行动的不彻底性、弱点和拙劣；它把敌人打倒在地上，好像只是为了要让敌人从土地里汲取新的力量并且更加强壮地在它前面挺立起来；它在自己无限宏伟的目标面前，再三往后退却，一直到形成无路可退的情况为止，那时生活本身会大声喊道："这里是罗陀斯，就在这里跳跃吧！"[2]

在此，我并不是非要提供一种关于该运动的理论，以便用它来表现这一运动，并为自己的理论本身增添若干要素。而是

1　弗里德里希·恩格斯为《路易·波拿巴的雾月十八日》1885年在德国发行第三版时所作的序言（译按：中译参考《马克思恩格斯选集（第一卷）》，北京：人民出版社，1995年，第582-583页）

2　卡尔·马克思，《路易·波拿巴的雾月十八日》（译按：中译参考同上）

因为该运动确实存在，所以有了理论需求与理论要求。关于运动的理论只能从运动当中来，是运动表明、呈现、释放了理论的能力。拟定的理论不能冒充为业已奠定的教义，只能自诩作出有限的贡献。

站在城市现象分析的观点上看，该运动开展于多个时间，并从社会场所转移到其他场所。它从楠泰尔的文学院（和人文科学院）爆发，扩大到巴黎，再蔓延至外省，并在拉丁区闻名遐迩的索邦大学内部与周围找到了自己的中心所在。

让我们回顾之后的一系列进展。

1. 楠泰尔。建立在巴黎城外的巴黎学府，离拉德芳斯（交通枢纽，遍布商业楼房）不远。可能到了 1980 年，拉德芳斯就会变成一个城市中心。[1] 在此期间则是遍地惨状，周遭到处都是贫民区、（来自地铁建设的）废石堆、无产阶级廉租房和工业企业。有趣的环境。与世隔绝的景象。学院作为一个概念，也是依据工业生产效率与新资本主义社会的精神范畴而制定的，却没人认真去理解这一概念本身的逻辑。人们把学院建筑叫作建设方案，将它们矗立在地上。学院会成为一个企业，旨在为了传播这个社会、社会的管理、由劳动的社会分工定义并限制的知识而生产平均水平的智力合格品和"小干部"。因此

152

1　事实也确实如此。1981 年，拉德芳斯建成当时欧洲最大的购物中心"四季"；如今，它是欧洲仅次于伦敦金融城的第二大中心商务区（截至 2017 年）。——译注

这是个从一开始就引人瞩目的场所，话题性十足，相当典型，随着时间的流逝，它的意义渐渐显现出来，运动则加速了这种显现。处于一个建立在**城市**——从古老的西岱[1]发展为西欧历史名城——之上的文明当中，这难道不是个受到诅咒的场所吗？郊区及其贫民区作为一种真空登场，这比一出悲剧还要令人伤心。无规范的东西、社会之外的社会的东西混合在一起，形成这个区域社会的图景。缺席，是"不幸开始成形"的地方——这一墙头涂鸦表达得十分到位。在这里，劳动失去了意义。在这一工业时代与非城市化的产物当中，**学院**作为文明的缺席，自己也着了魔。教学怎么可能填满真空？随着知识——内容与形式——耽误了方案，就更是如此了。远方的城市——过去的、缺席的、未来的——给安顿在普遍充斥着紧张与幻象的异托邦（hétérotopie）中的男生女生灌输某种乌托邦的（utopique）价值。此时此地，在楠泰尔，人们忍受着强制进行双重隔离的空间：实用的与社会的隔离，工业的与城市的隔离。为学生与教师们准备的隔离区是实用化的，它是隔离那些"遭人嫌弃者"的区域中的一个，服从于生产的限制，被城市生活拒之门外。某种关于城市的可笑思想——冠名"城市规划"的意识形态——设计并组建了这些实用型巨型建筑。从社会意义上说，如此走向极端的强行隔离产生了自相矛盾的效果。专业化的大学城一

---

1 La Cité，字面意思即"城"。巴黎据信是围绕塞纳河心的西岱岛发展起来的。——译注

方面将自己简化到不可或缺的最低实用性即居住（宜居）功能上来，另一方面却依旧维持着传统的分化——男生和女生；劳动、休闲和私人生活——**大学城**因此成了渴望与性别反叛的温床。在那里，最轻的禁令或管束都让人无法容忍。这些禁令与管束在大多数时间都是微不足道的，但它们依旧象征着压迫。

153 官方或半官方的自由主义在此似乎体现出自身的局限，这样的事实总会令自由派大为震惊："什么？我们给学生提供了这样那样几乎是所有的好处。还是得保证最起码的秩序吧。不能任凭他们搞得一团糟。"自由主义的意识形态看不到象征主义的巨大力量，自由主义要么自认软弱，要么转变为威权主义。**学院**的楼房则是为了教学功能（在技术层面显然非常"实用的"大型阶梯教室与小课堂、浅灰色令人郁闷的大厅、行政大楼，并不会立即彰显其含义的形态）而专门设计的，它们成了政治反叛的场所。在这里，凝聚起一种"平凡中的不凡"——文化的日常性是特定的贫乏，与官方提供的乌托邦式的、神化的文化繁荣及特许知识形成对照。在这里，人们以最极端的方式同时生活在（悲惨的）现实与想象（史上最好！世间最棒！）之中，这样的情况对文化、知识和体制的解体并非毫无贡献。

在如此语境与背景下，隔离的效果颠倒过来。对于那些来自闲适的巴黎西郊与内城的少男少女来说，这样的隔离会带来什么？他们当中很大一部分都没能逃过那种由不适转变而成的焦虑。穿过悲惨的景观，他们超越了景观。这算是阶级融合？

说得未免太重。充其量是阶级互动。这些来自资产阶级的学生转而反抗他们的出身"环境"，还有什么比这更加自然？该现象一点儿也不新颖，只不过涉事者之众多及其反叛之高质前所未有。对于这种态度，人们大可对其进行社会心理学解读，乃至精神分析学解读：这些年轻人遭遇的是建立在财富基础上的传统家长制的非难，是政治化的、教训人的家长式管理，是所有领导。他们重新掀起针对**父亲**的反叛与代际冲突，并将其推至最高潮。以这样的名义，他们充当了那个激进的否定性，而且这种否定首先不可避免地从演讲开始。言辞暴力为行动暴力作好准备。尽管如此，精神分析与社会心理的解读还是走不了多远。这样的解读只能将学生的态度把握到一定程度，却把握不到个中政治内涵。再说一次：权力的危机只是表面的危机，更深层次的危机从日常生活延伸到机构，再到维持这一切的国家。心理学解读忽视了学生们的理论经验：他们的阅读大体说来涉猎很广，尽管读的都是超出教学大纲的书籍。至于那些来自"卑微"家庭的学生，他们多半立志积极用功，埋头于课程、考试和求职。学生生活之初，他们当中有一些人并不自认为强大到足以参加政治活动，甚至不读超纲书。他们质问自己的前途，却什么也无法理解。这个社会给他们承诺了什么、带来了什么？同样是这类学生，有时会要求得到一份"工作"，但他们与其他类型的学生殊途同归，全都拒绝接受整个社会。这类学生的政治化过程比较清晰。因为这个社会既不给他们安全，

154

也不给他们机遇，不提供任何保障或具备吸引力的东西，所以他们除了得知前途渺茫，其余什么也不想知道。未来就是在教育或工业部门充当"小干部"，在官僚等级制度中混个位子，慢慢向上爬，要付账单，要进修，要买房买车——这样的日常画面一点也不令人兴奋。尚未被即时的现实忧虑压垮的学生寻求振奋起来的动机，那些被现实击倒的学生则不再寻找。这造成了什么样的后果？几股不同于惯常阶级划分（资产阶级、中产阶级和小资产阶级、无产阶级）的潮流联合起来，对抗同一个敌人。一个独创辩证的运动，其蓝图已经画好：社会的边缘性对抗中心性，无规范对抗规范，反抗对抗决策。明显家境殷实的学生（公共舆论在他们身上首先看见并且就此一叶障目的也是这一"特权"）站到了政治斗争的最前线，充当了急先锋。

在这样的背景与情况之下——用社会学行话来说——体制的持续运行只会越来越紊乱。尝试修正这些紊乱的努力注定失败。因此无规范的群体，那些著名的"小团体"，势在必行。起初，它们源自对当代历史的若干批判性理解：从马克思主义—列宁主义到托洛茨基主义，再到菲德尔·卡斯特罗或切·格瓦拉的行动。这些质疑一切的"小团体"、酝酿者和煽动者也开始相互质疑。这就是为什么这一把所有人全都联系在一起又从他们当中爆发的**运动**始终维持亢奋，不断在讨论中更新自身。**运动**既没有将各个群体融为一体，也没有瓦解它们，而是将它们全部统一在自身当中。由这些群体构成的**运动**比它们的总和还要丰富，代表的东西也比它们的总和还要多。在**运动**中，每个群体都可以进退自如，每个群体都在壮大自身，为**运动**整体的持续扩大作出贡献。这样新颖的现象取决于在所有对峙与交锋中保证**言论**自由，因此也远离了所有教条与既定法则。运动会造成致病源，或者打个比方，会产生"文化细菌培养皿"吗？不会。这是种怀有敌意的解读。在这样的运动中，只要人们同意如下前提，就没有什么是不正常的：言论自由、深度政治化（由激进的反抗向**权力**的绝对政治作出回应），以及在这样的背景之下以新的方式塑造运动领袖。运动情形不但不与任何扭曲和不正常相关，它甚至有某种陶冶与净化的作用。言论自由赋予运动一种均衡、一种力量。旨在传播知识的学院既不能满足学生的愿望，也无法回应学生的要求，它变成了"社会的容器"，负责把散布各处的问题与质疑集中起来安放。这并非出于要在建筑设计或城市规划上取得成功的理由，恰恰相反，是因为它是个消极地取得特权的场所。**大学**（Université）内部这块残破、不受待见并被边缘化的碎片重新找回了某种普世性（universalité）。在学生中间产生了所有潮流，尤其是所有反对现存社会的潮流。被称作**大学**的机构本身，事实上已经成为碎片，却还自以为受到加固，自我封闭在一个边缘化场所，它就这样自行解体，裂开了一个会让张力与压力乘虚而入的窟窿。这意味着什么？文化企业的失败，也就是根据工业企业模式制定并以此为目标的知识传播的失败。就算市场的要求、物质生产的要求和劳动分工的要求并未完全接管教育，就算在这个意义上教育也处于落后状态，建筑设计与城市规划的形态还是正在通过慢慢蚕食教育的内容与形式而令其走向无能。然而这样的形态学也已经落后于社会生活与"文化"生活的要求了。在这些理由与起因的相互重叠中，会产生意义深远的失败。（教育与方案之间的，该方案与社会实践的可能性和必要性之间的）落后与不协调，程度之深以至于同时既揭示又隐瞒了矛盾。矛盾在哪里自我表达？在运动中！

人们也分析鼎鼎大名的运动升级化——太多时候它仅仅被说成暴力的升级。从"主体"的观点来看，这些原生群体是在自己周围与自身当中发起动员的因素，它们是运动整体中不可或缺的部分。不断涨水的浪潮穿过或绕过障碍，淹没水坝，淹没一切阻挡、疏通或恢复常态的企图。**运动**的潮水改了道，从停着大学法则的车库（为自由讨论提供的场合和场所）或简单纯粹的野蛮（吵架斗殴）之间穿了过去，再肆意泛滥。运动在要求一种比形式民主的种种规定更好的积极民主时，并未危及大量拥护规则的群众，这样一来，它走过了哪几步？它从批判反思走到了提出要求，又从提出要求走到了理论反抗，再从理论反抗走到了反抗实践。在最后一步，主观的因素发生了质的变化，其意义不再同于以往；它变成了客观的干预。

从对象与目标的观点来看，运动一开始的时候集中围绕特定经济目标进行：学习环境、信用声望、就业出路、市场约束和劳动分工的要求。这都是些众所周知的传统要求，曾有专业人士——工会与政客——不完全但强力地进行推动，但这类要求很快就会被学生们超越。**运动**很快投身于意识形态与"价值"领域。关于知识的问题已经在各个方面被人问完问尽了。对于学生当中最为明智的那些来说，这样的知识值得谴责：它是小块小块的碎片。意识形态填满碎片之间的空隙，它承载着整体，给人一个整体的幻象。有关世界、历史、人类和社会现实等普遍知识的碎片总是被告知，而不是被给予，这样的碎片无法使人接受将其包装好的意识形态。更何况，没有任何标准使人得以辨别关于知识的意识形态，后者对知识的阐释值得怀疑。还有，学生粗暴攻击教育的形式。他们控诉到，教育的形式掩盖了内容的欠缺，只不过是将意识形态与知识的碎片进行权威灌输。到了该阶段，"批判的大学"这一口令变得至关重要。学生们在两种构建大学的方式上犹豫不决：是建立与对大学的官方批判相平行但随时准备着接受批判的大学，还是建立官方层面永远进行着内部批判的大学。他们并不止步于任何建立批判的大学或自我管理的大学（或学院）的方案。劳资共管，乃至工人自治，他们都不会接受。他们开启了宏大的反抗，反抗的是整个社会，以及这个社会的体制与意识形态。他们有效地、实践地与国家的问题对抗，与情报、警察、权力的问题对抗。到了这一步，学生对目标的发现已经不再仅仅囿于校园内部了。

157

在我继续展示该运动（当我们谈论"运动"一词，我们谈论的不是当中的某个群体，而是要谈论所有群体的整体与活性）如何在资本的空间中蔓延之前，要先澄清一种误解：该运动是跨过了非政治与政治之间的分界而逐渐走向政治的——这样的判断并不准确。从一开始，该运动就带有最为强烈的、最具独创性的政治属性，它在深层次上就政治化了。不管是小团体还是其他，运动的原初要素恰恰拒绝接受思想在智性生活与政治生活之间固守抽象之物，意识形态地、体制化地持续并服从于分化的情形。不管学生们怎么为其命名（革命思想、托洛茨基主义，等等），他们的思想都穿越了反思与实践之间的距离，从前者抵达了后者。所以我们就必须接受在可燃物上放火的"星星之火理论"吗？不一定。使运动产生效果的，并不是这样或那样的政治思想，而是主动行动。主动行动的思想排斥原有条件。使运动得以成形的，是尽管存在分歧但依然进行下去的集体行动。近来"星星之火的理论"有些过于通俗化，给好多不同的比喻提供了发挥空间：关于雷管的比喻成了正式说法。（一个或多个）活跃的少数派在政治上的有效性，仅仅根据这些勉为其难、粗制滥造、据信解决了分析难题的论证，是无法真正为人所理解的。该运动从学生扩展到工人阶级之后又发生了什么？在运动愈演愈烈的时刻决定投身运动之前，工人们是如何理解它的？青年工人在其中扮演的是什么角色？

在运动过后放马后炮，说什么"这不过是微不足道的骚乱"，这简直不可理喻。这么说当然没错，可它回答不了我们的问题。

运动不同寻常之处在于，在经历了一次相对较轻的冲击过后，一个社会大部分的上层建筑、一个大国大部分的机构竟悉数破碎，有的甚至完全垮掉。这就是作为起因的运动及其蔓延所造成的影响。

为了试着去理解，必须改动若干范畴与概念，要么更改它们，要么否决它们。有关专业政治的思维范畴让这样的运动成为不可思考的。然而运动曾存在，它如今仍在，或潜在，或实存。问题不在于否认运动，而在于对它进行思考。问题在于让那些有权力的、用某些概念去思考的人去思考对于他们来说不可思考的事。

"五月风暴"是个近乎"纯粹的"运动，近乎运动性整体。该运动与国家相反：它处于永恒的行动之中，永远是新的或正在更新。该运动几乎没有"主体"，也几乎没有"对象"，这么说是为了跳出作为思维范畴的主客体，并揭示这些范畴的不充分性。该运动几乎没有支点。对于政治意识来说，这是句自我矛盾的话。这正是某些与政治结构联系在一起的思维结构无法理解的东西。人们通过不惜一切代价地寻找，还是能够发现惯常意义上的一个主体与若干对象。因此人们开始谈论阴谋，谈论谋反，谈论"地狱机器"[1]。对于一些人来说，该运动可

---

1 出自"地狱机器阴谋"（conspiration de la machine infernale）的典故：1800 年 12 月 24 日发生的"圣尼凯斯路袭击"，这是法国保王党人策划的一次刺杀拿破仑的行动。——译注

以通过政府内斗来解释，对于另一些人来说则是反对派发起的冲突。然而它只是一项行动：一项行动主义者的运动，这一称谓给人以强烈、迅速、明智、尽可能即时的认知。

一个如此这般的运动只有可能不断升级，它是对从政治自发性到绝对政治的回应。如果它的上升被打断，它就会崩溃，尽管它造成的反响还能继续扩大。一个近乎"纯粹的"运动，它内部并非不存在矛盾。恰恰相反：它的矛盾赋予它一股强劲的冲动，使它焕发勃勃生机，给予它自身的变动性。一旦运动崩溃，它就释放出这些被它藏好以至于看上去已经被它超越了的矛盾。随后人们就再也看不见这些瑕疵了。人们忘了是这些矛盾给运动以力量。当它渐行渐远，就变成了一个"纯粹"的事件，消失得不留一丝痕迹，不与任何预测、解读或历史框架相符，是一种"纯粹的"逐渐消失。（资本主义的）生产方式则没有消失，该生产方式的"基底"坚持下来，而没有解决的旧问题再次出现。另一方面，已经获得的知识被证实长久不衰，未受影响。这一切都再真实不过了。该运动承载了矫饰做作、口头夸大、意志薄弱，缺乏整体方案与理论思想，缺乏使其在既有形势下凝聚多重渴望、表现为一股有组织的力量（唯一的力量）的一切方面——坚持上述观点的人至此获得了青睐。常识就这样写成："原本就不该搞运动！"因此在这种冷漠的氛围下，在这个本质就是凝固不变的国家，对一场曾经散发着传染性热情、沸腾动荡、无限变化的运动进行分析也成了错误的、毫无道理的事。根据那些无法使用的范畴，这样的分析不过是一种观点。其（相对）失败的原因，在确认这一失败的时候已经很明显了。人们忘了自发性也存在着局限——但那依旧是种有必要的自发性，而不是一次失败。

就这样，一种更严重的分裂确定下来，猖獗程度胜过往昔那些自发性试图穿越并填满的分裂。一个直捣深渊的新矛盾，也在法国与全世界的革命运动中确定下来。一方面，存在着体制化的革命，它拥有自身的机制、教条、合理性、思想与社会范畴，以及建设性的、不作任何变动的保守主义；另一方面，自发性无理性而不可思考——因此是不可能的（人们出于治安考量如此解释）——而被人否定并排斥。这两方面其实是个循环，是个轮盘赌的转盘。一方面刺激着避开它、否认它的另一方面。对这种情况——正如人们说的那样——进行"意识化"，有意义吗？可能有吧。然而这一恶性循环的裂口很深。这还没完。少数派拒绝了使思想无效、使社会生活失去活力、使政治变得贫乏的一切，因此他们的力量不可预测。一个新要素就这样出现了，它是运动的初始与根基。运动曾造成了如此大的影响，曾拥有如此一触即发的力量，这全都来自法国的社会状况与运动本身，还有它们之间的关系。它激起的确实是一场文化革命，但它不是那种定位于意识形态或文化中的"文化"革命。它触及文化，目的却指向政治——它也确实触及了政治。它自发地落在二者交接的地方。人们可以用社会学的术语，说在这场运动当中，一个"主体"——一个"集体的主体"，一个"历史的主体"——被构建起来。没错，但这定义不了该运动的政治本质。发言人们已经解释了这一本质，他们只差将其进行理论的形式化了。运动令人震惊的特性在于它在没有工具、没有机构的前提下"进行下去"了；在于它没有固定结构，却组织起来了；最后，也在于它在没有预先制定好方案、没有"首领"（有的只是发言人）的情形下，作出了政治上相当英明的决定。这些都是它独具一格的特色。

在那几个日复一日都在对运动进行示范的星期，骚动填满了大学各处的真空。当然，在行政单位与大部分教学单位看来，这一切不过是失序、威胁和滑稽的煽动。反革命已经采取了摩尼教神话的二元论态度，认为这是恶对抗善、失序对抗秩序、野蛮对抗文明。运动造成的那些物质上或精神上相对而言微不足道的影响，都被上升到邪恶的象征、青春期的野蛮和未成年人的残忍。然而运动还是产生了一种创造力。那种贴着照片、杂志页面、引语和警句的关于"消费社会"的墙上招牌值得比就地摧毁更好的下场。在所有权力机关当中，没有人欢迎这种自发的墙上艺术的诞生。在骚动中，人群填满了原本空空荡荡的场所，在这里，时间重放光彩：派对、幽默和游戏的元素（然而全都直指政治行动与政治生活）加入要求与愿望中来，使这些要求与愿望凝结成晶体，目的在于对压抑的环境进行反抗。在学生演讲中确实出现了一种粗暴而意味深长的对立："入侵"

160

对抗民俗。不与入侵为伍的一切都被打入民俗范畴。运动领头人破了例，不追随他们的人，就被他们否定。积极拥护规范的人看着入侵导致的一连串后果，倍感惶恐，无能为力。他们对入侵的理解天真又单纯，他们没有把握入侵的原初意义：越过"正常地"划分政治与非政治的边界，这样就可以迎来解放。他们只理解得了藏在政治与非政治划分之下的绝对政治，他们用这样的分裂维持并掌控整个止步于引起"基层"反响的社会生活。而初级的与自发的"基层"也进入了政治，它终于认清了政治化"文化"的实质：意识形态。

权力机关按照其规范与政策（看上去并不是政治的，倒像是行政的）行事。就这样，官僚主义范畴运行无阻，当中也包括自由主义的官僚主义。这不是它们的"过错"，不是从楠泰尔走向拉丁区并造就了这一政治化运动的学生们的目的。而从这一天开始，运动已经走入一个全新的领域继续开展。尽管它在别处建立起来，在这里却获得了无比优越的新条件，尽管全是在战斗越来越艰难的情况下得来的。运动在城市派对与暴力、游戏与游击战之间摇摆不定，它有着不同的面孔与不一样的成分。"城市游击战"这种官方称谓与其用来形容学生的活动，不如与我们正式称之为维稳力量的行动更加般配。然而即便学生勇气十足，他们的游击战还是没能达到战略水平，这时候警察出动了：他们有枪有炮。在学生中，出现了某种特别有影响力的、在游戏与暴力之间犹豫不决的表现，它将派对引向了悲

161

剧的方向。人们可以把巴黎公社的事迹当成一场悲剧性运动。人们同样也可以这样形容"学生公社"（埃德加·莫兰语）。这种说法才华大于公允，它掩盖了那些关键性的难题。1871年的时候，人民是拥有武器的，全体人民走上街头，狂欢又战斗，资产阶级已经撤离或准备撤离巴黎，因此不存在什么"公民"当中的边缘范畴试图通过废除分化而进行干涉。不过我们倒是可以作另一个类比：1871年3月，正如1968年5月那样，来自外围的遭到排斥的人们聚集起来，朝着城市中心进发，目的是占领它们。

2. 巴黎。同时意味着派对与战斗。某些城市现象的含糊属性是漫长的几个世纪中农村发生的现象的凝结与加固。让我们先考虑巴黎的第一副面孔：欢声笑语、幽默和歌声。在游行抗议中，巴黎变了，变成了重新被人发现的巴黎：风光、街道，还有摆脱了所有车辆的圣米歇尔大街，它们全都变成了漫步与集会的场所。入侵与创造并肩而行（比如，5月13日星期三那天挂在绞刑架上的模特与他周围或血红或雪白的能剧面具，再比如，不计其数的标语牌与涂鸦）。在没有事先准备方案的情况下，入侵创造出它的作品。它超越，它解放，抹掉所有边界，再重新划界。

同一时间，还产生了边缘性与城市中心性的一次辩证互动。这一行动围绕着索邦大学生根结果。行动需要一个中心，而作为"异托邦"的楠泰尔已经无法满足这种需求。运动离开这个远离中心的地方，（暂时）疏远了它。学生占领了拉丁区，他们重新融入这个曾将他们赶走又被他们通过斗争夺回来的空间。行动赋予该空间新的意义，空间本身包含的意义也重新显现出来，并得到扩大与加强。就这样，老索邦上空飘扬着红旗与黑旗，它获得了一个完全变了模样的象征性维度。它再也不代表抽象场所，再也不代表某种遥不可及的文化或"科学性"了。具体的乌托邦在一种统一的文化中宣告成立，这样的文化超越了劳动分工，也超越了专业性的碎片化。专业分工的拜物教轰然倒塌。在乌托邦一词的强词义下，这个乌托邦的场所以一种非同凡响的样子呈现出来。透露着希望的乌托邦经典文化，再也不是前资本主义与前工业时代那种存活于自由派人文主义与百科全书派的过时观点中的经典文化，再也不是为市场要求与（承载着碎片知识的）劳动分工打掩护的腐化堕落而分崩离析的意识形态。它将会是另一种自我宣扬的文化。在期待与创造它的过程中，在打着索邦的旗号重新成为中心与话题的场所四处爆发出演讲。演讲的爆发是对加诸其身的限制与写作的复仇。言论自由表现为首要自由，它重新被学生们夺取并享受。所有在压迫与恐怖时期被关起来的演讲开始抛头露面，占据被人群塞得满满当当的阶梯教室，占据中庭、广场和大型集会场所。谁在讲话？在场所有人。学生在讲话，那些此前从未踏进（有时是不敢踏进）圣殿之门的人也在讲话——从前，索邦是个神圣场所，保留知识、神秘文字和由某个阶级定义的科学性，闲人免入。只要听听他们讲话，就能明白在那些不传外人的文字统治之下，萦绕在人们脑海中的究竟是些什么：最好的与最坏的，一大堆没有答案的问题，深刻或浅薄的论点，表面的或真实的勇气，或好或坏的意识。在这样的口头狂热之中上演着大型心理剧，更确切地说是大型社会疗法，针对知识分子或非知识分子的意识形态治疗在此相遇。所有的演讲必须走出去，去造就时事，去留下自己的印记。

这就是当时的人们必须坚持的东西，也是他们尚未获得清晰认识的东西。因为运动突如其来的爆发才过去几个礼拜，人们没有时间好好认识它。运动最初是边缘化的，然后找到或创造了自己的中心，接着反弹回到外围去。在这样不可思议的刺激下，该如何辨别当中哪一部分来自文化的象征主义，哪一部分来自对有武力保障的秩序的愤慨，哪一部分又来自终结了社会生活元素之间分割状态的典型行动？运动历经无数戏剧性的、暴力的、猛烈的情节，它赢得了整个社会。与其绕过国家，这一文化革命威胁了国家。那些意识形态与词语，那些拥有自身存在理由与"价值"的机构，整个上层建筑都在摇摇欲坠。一切就这样发生了，就好像有很多人突然意识到很久以来他们已经不再对自己的工作抱有信念：艺术家、喜剧演员、情报员、工程师，还有从事物质生产的劳动者，都是如此。情报员受够了奉命撒谎。喜剧演员受够了取悦那些委身于厌倦的人，受够了博取他们的注意力。这不就是整个系统的模样吗？充斥着托辞、观点及其反映社会的手法，一旦中心点被揭露，该系统便消失无踪。在特定或普遍的现象（罢工、占领、抗议活动）中，在代际关系、群体关系和阶级关系中，发生着某种超出这一切的事，某种与众不同的事。在此借用一个比喻好了。似乎国家面具与符号之下的整个社会状态，就好像一种物理学家称之为"亚稳定"（métastable）的状态。不过这仅仅是个比喻。平衡是假的，连贯性是假的，一致性也是假的，这个社会拖着东拼西凑的、异质的、死而不僵的元素，以及寄生的、冗余的附加之物而苟延残喘。在国家与绝对政治的统治之下，这个社会不过是形成了一个虚假的系统。它那种系统性的姿态不过是种意识形态，是种表面现象。因此分崩离析的也不是一个系统，而是某种合理性构建的幻象。人们所说的动机、图像和作为证明的错觉通通消失，简而言之，意识形态与兴奋剂都消失了。文化革命与政治革命走到了一起，这种结合使超越了文化与政治分裂的行动继续下去。未受影响的只有建立在经济基础上的各个机制。它们是社会关系的最后支撑物，社会关系创立了这些机制，而它们只能被消灭，不能被修改，要么就是它们只能受到恰到好处的修改。这些机制难以预料地扮演了重要角色，它们是牢不可破的轴心或极点，在它们的周围，从头到脚被运动所摇撼的秩序还是会得到重建。秩序的支柱稳住了。这样的秩序重建或多或少都是有意识进行的，而且非常难以分析，因为它又是一种新秩序了，或者毋宁说是重新展现出来的秩序。

164

关于代替与"代表"的游戏起了作用。有组织的工人阶级，也就是工会，代替了工人阶级。工会机构代替了有组织的工会本身，并自称（在意识形态与体制层面）不同于治安机构，然而它仍然是政治工具。这个最能"代表"工人阶级的工会机构巩固了自身的权力，同时也巩固了工人阶级的软弱性及其在政治上与社会上被隔离的处境。在巩固这一隔离的同时还确认了它，并且在工人阶级行使自身权力，不再受到隔离，有可能获得权力的时候，反而加剧其软弱性。这一处境的特殊逻辑就此进入这个社会的（体制与意识形态的）逻辑当中，而孕育了如此逻辑的恰恰是这个社会。

这一不同寻常的处境留给历史学家的东西比他们将要着手检验的东西还要多。在几个小时内，社会的解体过程就达到了巅峰状态。与其说是海啸直捣权力隐藏得最深的那些中心，淹没了一切，不如说是那些处于权力中心周围的真空取得了胜利，因为它们隔开了这些中心，使它们存活下来。不过这样一来，应该"好好运作"的一切都停止了运作。维持秩序的工作也被隔离开来，指挥部也无能为力。政府高层开始陷入恐慌，他们逃走了。这不是空权期，因为权力还在那里，政治家也在。空出来的是整个社会，没人再去管它。因为那些有能力去管的人，他们所服从的意识形态与体制框架禁止他们这么去做。在这段历史的寂静当中，甚至连权力的二元性都不再存在。

达到巅峰之后，运动开始退潮。它那令人印象深刻的壮大过程掩盖了它的衰退。人们大量占领生产场所，人们的要求获得强烈的支持，这使他们忽略了那些重新开始运作的权力场所与决策中心。从历史的角度看，这本身就是一种撤退。然而运动继续进行。在量的层面向着外围扩张并不足以确定其地位。

尽管人们努力试图限制并减弱它，运动还是产生了质的影响。它再次闯入那些强制划好的界线。它尤其试图从一个古老的两难中解脱出来：要么发展成普遍的、总体的革命，要么采取局部措施，退化成改良主义者。

运动怀着相当崇高的勇气，再一次自发地、完全有意识地试图统一文化革命与政治革命、统一工人与学生。它草拟了一个关于普遍工人自治的方案，在这个方向上投身于一种社会实践。人们积极罢工，直到建立起某种平行于新资本主义经济的经济形式（生产者与消费者、某些地区的农民与工人建立直接互动关系）才算罢休。人们意图削减国家机器的核心部门，也就是国民**教育**与意识形态教育培训的总和。普遍工人自治的蓝图扩展到整个社会层面（物质与智力生产、服务业、城市生活）。正如我们在上文强调的那样，这一社会实践在所有地方探索道路……

在中心与外围的相互作用下，一个新的社会、政治、文化领域出现了：城市社会。它也带来了自身的问题。被运动攫取并控制起来的中心性将运动打发到城市现实的边缘：郊区、偏远街区、生产区和居民区。运动在那里获得响应，然后重新杀进决策中心。然而运动并未占领这些中心。当一队抗议者冲进巴黎证券交易所，他们攻击的是一个象征，是城市中心及其象征性代表物，然而他们并未进入真正的决策中心。

人们模模糊糊地看到城市社会呈现在他们眼前。建立在城市生活的物质与社会"基础"上的那个社会恢复了，也完全改变了原貌：它超越了隔离和多重分裂，投射进处于城市碎片当中的领域。当"五月风暴"发现这一点，它便有了另一种意义。在处于新旧矛盾之上的社会的不均衡发展下，上层建筑（体制与意识形态）的三个层次重叠起来并相互影响：

166

1) 在前资本主义与前工业时代就存在的上层建筑，那时候农业生产与乡村生活还占据支配地位，这些上层建筑体现的就是农业主导的图景及其对世界的描绘；

2) 工业化时代的上层建筑，它们在由资产阶级、资本主义和生产资料私有制（别忘了工业化的技术基础至今依然在不断改变：信息化、自动化）确定的社会框架下建立起来；

3) 不确定的上层建筑，它们由在一个已经衰落的框架（也就是消费社会、组织性资本主义或与国家相联系的垄断性资本主义）中进行的社会转型促成，而人们尚且不能准确定义它们。这一深层次的社会转型可以定义为朝着尚且处于酝酿过程当中的城市社会的转型，这种社会的产生将带来自身的问题与要求。

　　这一事件带来的休克效应，毋宁说是它对上层建筑造成的撕裂，是在失调不断累加的情况下发生的，它使受到隐藏又被恢复的矛盾得以展现自身。爆发点：**大学**与文化。出发点：非城市化过程中的场所。它们被隔离起来，因此也成了逆向超越分裂的集结地。优点：被运动占领并实现的中心化与决策中心（特定的机制与地志学）实现对峙，而后者在事件中屹立不动。

　　这个社会的一个重量级权威派系仍然在捍卫碎片化、解体化的过时文化，并通过压迫的方式利用该文化。另一"温和派"则建议或快或慢地进行调整、或多或少地加以美化。而渐渐上升的运动力量目标在于完全转变文化本身，使它不再外在于生活，而是去承载或"解释"某种生活方式。这种文化将不再传达"文化"的原有词义，它不再栖身于抽象之中。它要求的是不同于精神空间的另一种空间：该空间同时具备象征性与物质性，拥有恰当的或重新变得恰当的形态。这种统一的文化一开始是乌托邦式的，它随后在更高的层次上重新制定，拥有新的技术与社会经济学基础，它需要时间与空间：另一个时间，另一个空间。这样一来，文化的抗议中那种完全乌托邦式的功能在自我实现的过程中超越了自身，也就是在某些时刻、某些场所，在发生了变化的日程中，在城地志学中。

　　本次分析仍然有可能遗漏该事件、该情况的若干重要方面。

167

XI 抉择，还是托辞？

今天，一些可以作为二选一抉择或两难的对立似乎已经不合时宜了。比如改革与革命这组对立。人们已经无数次证明革命可以建立在许多改革的集合之上（在保持革命目标与整体结果的前提下：剥夺统治阶级的权力，夺走他们占有的生产资料，取消他们对整个社会事务的直接管理或通过中间人进行的间接管理）。人们证明了存在革命性的改革，而且每个即便不是特别重要的革命，都触及了社会的结构：生产与财产的社会关系。

在跃进与渐进之间、毁坏性效应与建设性活动之间、暴力进攻与机构内部行动之间，需不需要选择？理论上讲，没道理再回到列宁提出的那些战略原则上去。应该对行动的可能性加以辨别，并将其统一到辩证的运动当中去。有种瞄准最后一击的政治态度，它为体制危机与意识形态危机作出贡献，也就是从其内部摧毁这个社会——而这并不是它原本的意图。也有种一开始持改良主义的态度，它提议某机构（**大学**）进行改革，改革随后变成了有力的行动，取得革命性的有效成果。也不排除在特定形势下，人们还得被迫选择不同手段。尽管如此，最深刻的取舍似乎是这个："要么把社会重建为社会，要么重建国家。要么自下而上行动，要么自上而下行动。"

在此，我的分析试图展示的是选择废除国家，让它的权力、制定战略的能力、承载的绝对政治通通消亡。到了这个程度，国家就会进行自我毁灭，它得以运转的条件就会瓦解，它的社会"根基"同样如此，而那些经济领域的基础则坚实如初。国家的体制与意识形态，还有支撑起绝对国家的上层建筑都会粉碎。人们还要不要重建绝对国家实现的条件，资本主义化或国家社会主义？或者，人们要不要重建新的上层建筑，并将它们与国家的桂冠分离开来，就算这个国家本身的存在就是与之相分离的？

国家的消亡在绝对政治的形式中进行，从经过重新定义的社会主义角度去看，它可用于激进改变。指导性原则：普遍工人自治。它具有不确定性——无休无止的抗议，包含疑点与失序，后者则会产生新秩序——建立一个以体现由"人民"组成的各群体的利益作为组织基础的网络（据此，它不再依据代表利益的规则）——优化利用一切技术手段，包括信息的科学处理。确定下来的不是"状态"，而是进程，在这样的进程中，问题会出现，然后能在社会实践中解决。一旦不采取这一社会主义的角度，就会存在一种风险：不光要重建经济生产（正如1945 年那样），而且要重建上层建筑及与之相配的各种结构、法典、立法。这是受到（工业与城市）普遍转型理论指导的革命性改良主义吗？也许是。而那种披着华而不实的革命话语外套的改良主义，难道不是更加危险、更加过时吗？人们如今还称之为"左派"的团体，表面统一，底下却有一堆分歧；要么就是表面多样化，底下往往集中趋同——"左派"的形象令人担忧。一切这样进行好几年了，似乎"左派"要么不想掌权，要么不想守住权力，要么就是它本身缺了点至关紧要的东西。

"左派"政治领导人看起来有些害怕破坏经济增长。毫无疑问，他们所理解的掌权，依据的是个古典框架：经济危机产生，反对派先任凭若干可怕的报应落在当权者身上，再拿出重启方案，舒舒服服登上指挥权的宝座。这样的框架已经过时了：体制危机与上层建筑危机在没有严重经济萧条的情况下发生了（当然萧条的征兆还是有的，比如，失业、行业迅速亏损，等等）。这个左派能因此夺权吗？当然。但是对此，它并未好好准备，它自己心里也相当清楚这一点：这些年来，"左派"都给出了些什么样的提案？跟实际政府没什么两样，他们满足于向人保证，同样的事情若是左派来干，会干得更多更好：更高的增长率，更好的国民收入分配，等等。关于社会，关于国家，左派并未提出任何新观念或令人振奋的图景。关于社会主义的概念，占统治地位的仍然是缺陷重重的国家社会主义（其缺陷包括不可思议的厌倦无聊，以及可怕的活力、想象力和社会"创造力"的匮乏）。如果我们走到更深层次，正如某些人所说，就会意识到"左派"想干点什么，而且会这么干，然而它并不知道自己要干什么，要朝什么方向去干。像**国家权力**一样，它已经压制了基层民主，清除了中间人。只要掌握机制就能变强，

171

反之则弱——左派把自己放到了它要与之战斗的那些人的处境当中。

　　要求与方法的总和并不构成总体，也不构成革命主张。这样的总和既不是政治"主体"，也不是对象，更不是什么更好的东西。这个样子的工会实践与政治实践本身就是实施简化并受到简化的。缺少的是什么？正是一个不会自我简化为局部也不会将普遍性简化为局部性的"观点"。**一切**？ **总体**？ 不是某个普遍化的，等同于某个体制、国家或机关的个体，其代表并不是某个普遍概念或既定目标。总体不提供某个意义。既然如此，总体（le total）应该完全不具备极权性（totalitaire），它只有可能是一种进程，朝向一个目标：在新的（工业与城市）基础上，把社会重建为社会。

XII 关于若干新旧矛盾：论点与假设

要么没好好解决、要么加剧的旧矛盾像路标一般矗立在路上。根本矛盾是生产资料私有制及根据某一阶级的利益对其进行管理，与生产的社会（集体）属性之间的矛盾，该矛盾并未消失，而是获得了新的形式。至于承担着经济与社会功能的国家，它的巩固只是表面现象，作为（战略与绝对政治的）权力，它持续凌驾于社会之上。

在此，我提出新矛盾的若干基本迹象。首先，从生产力可以触及的水平出发而建立的社会倾向于超组织、计划型合理性和官僚主义等级化。这是一种不可能获得一致性的趋势，但真实存在，而且强调对信息进行技术官僚化处理。过去与现在，都很难在这个社会中维持一个竞争性部门，不管它是为增长预留，还是为学生、知识分子（专家及其他人）预留。人们清楚地认识到，那些拥有经济、意识形态、政治权力的人会对这样的部门产生兴趣。在竞争性部门中，人们争破头皮去为拥有权力的人服务。人们产出知识给他们利用。个体争个不停，群体也是如此。这样的激烈竞争有可能被体制化吗？当然，但也会有风险。一旦这样组织智力生产（财产与作品的生产——人的生产），就会有过时的竞争性形式来使其运转：测验与会考，它们是前资本主义与前工业时期遗留下来的东西，是知识财富的很大一部分构成。而一旦知识生产在整个社会中获得更加重要的地位，这些竞争形式就愈发变得不可忍受。为了管理者与决策者的利益而卷入如此竞争的人迟早会反叛。这就是为什么全球都掀起了知识分子叛乱，而且是从学生开始。把所谓的"文化"作品简化为可商品化的物质，这只会加剧当前处境的易爆特性。

把学生的家庭条件因素放下不谈（该因素会产生影响，但不决定学生群体的性质，也不会在阶级结构中确定该群体的位置），他们只有一条路可走，那就是出卖自己的劳动力。当然，这必须是对于某项特定生产来说可以利用的劳动力，该生产有其特定市场，而学生只是有可能潜在地支配该市场。事实上很多学生自我感觉应该与工人阶级团结起来，因为他们对这个社会及其功能与压迫机制的认识，比无产个体所构成的整体还要清晰。学生们难道不比那些投身某个行业与某项事业的职业人士更早意识到智力竞争及其社会效用之间（智力产品的交换价值及其使用价值之间）的冲突吗？透过这些特殊问题，他们的抗议达到了普遍层面，我在前文已经探讨过这一点。在这里，我试图发现相关原因。智力生产者是个边缘群体，并长久被禁锢在这一边缘性当中，他们负责的却是至关重要的中心性生产活动——知识生产。普遍化抗议表达了这样的冲突性状况。

在这一核心问题周围还出现了别的冲突。整合与隔离的冲 175
突打击了所有社会范畴。还有对积极参与广义生产（作品生产
与社会关系生产）的渴望与多重分裂之间的冲突，后者尤其包
括广义生产与狭义生产的分裂、积极生产与消极消费的分裂，
日常性与创造性的分裂。还有（实施简化并受到简化的）特殊
性和普遍性之间的矛盾。还有家长制话语与压迫之间的矛盾，
它直接升级到恐怖政治。最后但同等重要的是超组织与解体倾
向，这个社会的优点与缺点之间的矛盾。它们之间有个辩证的
互动，并在互动当中体现出自身。举例来说，生产组织与企业
合理性是优点，但在具体条件改变的情况下，比如，倘若人们
把同样的组织合理性应用到城市空间上，它就会变成缺点。反
过来，城市文化与生活是缺点，但倘若建立或重建起某种中心
性，它又会变成优点。

在这个依旧被工业生产的计划性组织形式控制的社会上，
人们呼唤一种"创造性"，而这种创造性只有无规范的群体，
也就是社会之外的社会的群体才能提供。诗人、艺术家、智力
型创造者（在景观性生产的较低层面上进行的那部分创造）只
可能在边缘化的状况下获得灵感。只有边缘化的群体能够在社
会的整体层面上察觉并理解它，并描绘出社会整体的"精彩"
图像。然而要求他们进行创作的这个社会倾向于让他们服从于
规范，并简化其边缘性。社会希望将他们"社会化"，以此将
他们的活动整合进生产那既虚假又真实的社会化当中，也就是

纳入由权力支配并管理生产资料的新资本主义现实框架之下。这是因为艺术总是具有某种意识形态方面的功能，而创造性表达总是被统治阶级与国家权力获取，所以人们要让创作实用化（fonctionaliser），有时甚至要让它公务化（fonctionariser）——通过多重不同手段：压迫、镇压、引诱、奖励。就这样，无规范的群体要么被重新整合，要么被打破。人们忽略了集体创造的内在法则。这样的集体创造力，只有到了某个不可避免地受到边缘化并失去规范的群体内部进行的入侵活动"正常化"的时候才会突然萌发。这一点体现于 17 世纪（波尔罗亚尔修道院[1]、戏剧工作者团体、学者社团）、18 世纪（百科全书派、宗教批判）、19 世纪（浪漫主义）和 20 世纪（超现实主义、马克思主义，等等）。就像这样，而且仅仅是这样，一个群体带来了一个普遍性图景，推动了一次转型，试图用一份带有征兆的作品消灭过去、预示未来。一个社会如果意识不到这点，就会碾碎这一了不起的"创造性"。这时候就有了厌倦。就有了压迫性力量的爆发。要如何对此类群体的存在进行安置？这是城市生活的一项不确定性，这对于计划好的工业组织性来说是不可理解的。

从此，一个矛盾深深地刻在社会现实（劳动分工、市场、

---

1 Port-Royal，全称"Port-Royal des Champs"，意为"皇港修道院"。17 世纪，该修道院暨神学院成为非正统天主教派冉森派的聚会场所，参与活动者包括让·拉辛、布莱兹·帕斯卡尔、安托万·阿尔诺等人。——译注

工业生产的组织形式）与意识形态之间。一方面是在并不自以为是意识形态的意识形态（增长的理论与经济主义、技术主义与某种"科学性"）强制之下的社会现实，另一方面是承载着同一个社会不可或缺的"价值"的意识形态，这些"价值"包括爱国主义、民族主义、军人"价值"与政治"价值"、古典人文主义、宗教、美学、对幸福的构想，等等。这些意识形态如此表现出来，本身就失去了价值。它们带着时代特色：它们的出现先于工业化，先于工业合理性。然而这些意识形态以一己之力不断鼓动、刺激、证成、辩护。

一个城市社会要在从工业时代的确定性生产关系与结构出发的上层建筑中寻找自己的形式与上层建筑（体制与意识形态）。同样，近来，在历史地诞生的社会关系与框架即竞争性资本主义中，新上层建筑是从农业生产支配之下的制度与意识形态出发而建立的。痛苦的繁重劳动、辛苦的产出、扭曲与失调，它们全都在强调此类上层建筑的法则。甚至在从前的上层建筑尚未完全进行适当的应用之前，与工业化相联系的上层建筑就已经粉碎。

此类带有时代特色、来自前工业与前资本主义时代的上层建筑的典型例子是**大学**。它幸存下来，是因为一种强大的体制与意识形态的统一性，也就是意图填补人们在企业模式中发现的落后性。然而它已经包含着新的来自城市社会的不确定性了。大学过去一直是个受到些许忽视的中间组织，是个边缘机

177

构，然而社会转型将它推到了中心位置。如今，大学生死未卜。它的社会功能首先是教学性的——知识、观点及人的生产中心——这项功能如今还能作为普世性的支撑而维持下去吗？它得在哪种普世性上起作用呢？大学要么得根据劳动与市场分工的特殊要求进行分割，碎裂成为分离的、独立的、技术化的各个学院，着眼于为一种永久（循环）教育作出最优贡献；要么须按照普遍化的观点进行重建，肩负更高层次、更加具体的普世性。

工业整体实践透过资本主义与新资本主义社会的矛盾，想要获得一种遥不可及的合理一致性。在这个社会中使用有效合理性的权力，想要保证碎片化的要素能够汇聚在一起。合理性由碎片化、专业化，因此对于社会整体及其运动来说是实施简化并受到简化的活动构成。企业合理性，也就是国家计划管理、信息、（自然与社会）科学知识的合理性，试图相互统一起来。从圣西门到"工业社会"的理论家，这样的工业实践表现为全面的、整体的、完成了的合理性。然而统一起来的碎片化活动，即便是而且尤其是最有效的那种，都会造成问题。马克思驳斥了工业理性主义的理论家那种简单化的框架，他证明了一致性与总体性只可能在资本主义自身的矛盾与冲突得到解决的情况下实现（只要通过辩证思想与革命批判，这些矛盾就都是极其容易被确认、被理解的）。

半个世纪以来，同时仰仗马克思的新资本主义与社会主义两足鼎立，双双确信自己已经获得了完整的合理性，实现了一个具有一致性的系统。这建立在组织与计划的工业的物质基础之上（因为生产力已经达到的水平可以保证这样的组织性在整个社会范围内得到应用）。然而新的矛盾随之产生，对于新资本主义与社会主义来说都一样，只不过由于社会政治结构不同、生产力与工业化水平不同、生产关系与意识形态不同，矛盾在不同阵营产生的程度便不均衡，具有不同特色。

因此人们发现，建立在工业化基础上的社会的一致性只有通过不一致的意识形态与暴力、通过压迫与镇压才能维持。国家的权威行动无法解决矛盾，不论新旧。这些行动不过是避开矛盾，将问题与可能性简化。以此为非理性目标，由于利用专门手段，也就是实施简化并受到简化的手段，政治行动本身也成了实施简化并受到简化的，然而它依旧希望充当总体，并假装自己还是总体的。这就是那些造就了新矛盾，也属于新矛盾的一部分的东西。就这样，在每一种有限的合理性自我确认为完全与整体的时候，都产生了一种自身的无理性。每一种专门化的活动（实施简化并受到简化），包括所谓哲学或政治的活动，都表现为伪总体性，虚假的一致性，某种错误意识的对象。它们由权力来维持，也就是由压迫来维持。不管是知识，还是文化，都无法成功逃离这种非一致性，它们甚至无法做到掩盖这样的情形，因为它们就是非一致性的一部分，在这样的非一致性当中，它们迷失并解体。

178

现在让我们考虑一下生产力的增长过程。这是个量化而相对持续的过程，穿过了结构（生产关系与财产关系）与上层建筑（形形色色的既定编码、意识形态和体制）的相对不可持续。在该过程造成的某些结果中，首要的就是城市现象，它首先是附属于社会发展的一个面向，随后却获得了支配性地位。城市现象将不可简化的质的问题加诸对物质生产、时间与空间进行的量化。由农业生产、农村生活和农业（农民）意识形态决定的漫长时代在被工业时代取代的同时给继任者留下了自己的痕迹。对很多人来说，工业时代似乎是决定性的最终时代。然而城市时代开始了。辩证分析的任务与意义就是从这个总

179 体过程中辨别差异、互动与冲动、变迁、倒退与隘口、跃进，等等。

结果就是一项新的整体实践继续进行：城市实践。该实践将工业整体实践包裹起来并改变了它，而后者曾意图并且仍旧试图以连贯而强制的方式自我重建。为了给城市实践开辟道路，必须彻底批判与先前时代相联系的意识形态与体制。尤其需要批判工业化，它如今看起来不过是一场过渡、一个历史的中介状态、一次"突变"，它曾经自诩为绝对，抑或是曾被人们捏造成绝对的。当前处境因此要求我们驳斥那些曾经造就了工业增长的理论：经济主义、人文主义、数量至上主义，以及一心要以自己的方式打碎所有机器的好古主义。不管是城市实践，还是关于城市实践的理论，目前均尚未清晰区分于与它们绑在

一起的工业实践及其理论。在如此的困惑之下，潜在或粗暴的镇压还能试着扼死正处于形成过程中的实践与理论。在此扼制之下，经过改革的**大学**或许可以参与其中。而那种所谓适应了现代性的大学，其压迫功能只可能有增无减，因为它已经被定位在教学功能与文化功能上了。

在那些（表面上）非意识形态的意识形态中，必须特别指出一个来：城市规划。城市的不确定性无限制超出城市规划的范围，就算这两个字眼本身还相当混淆。城市规划是个没什么一致性的意识形态，同样处于悬空状态，它身上同时交叠着旧人文主义、现代主义和技术官僚制的经济主义。它依赖专门化与中心化的机构，处于国家的管理之下，与专业化活动相联系，并嵌入普遍过程之中。城市规划努力调节某些表象——而这些表象中的一部分在农业生产占支配地位的时期就已经出现了（乡村、社群、希腊式城邦或中世纪城市），而且是垄断性的（功能主义）。城市规划想要依据城市化来对上述表象作出调整，却不调整城市实践及其具体问题，因此城市规划既不能被定义为科学理论，也不能被定义为城市合理性。它要么隐藏城市实践，要么将其损毁。不过我们必须为它开辟道路。理论革命必须成为将城市规划当作先于或外在于城市问题的意识形态与体制的上层建筑——当作正在形成中的城市实践及针对该实践的分析性研究或普遍研究的障碍，从而对其进行彻底批判。

工业整体实践是由总体化建立起来的，然而它从未完整过，

180

它始终是局部实践：企业组织、计划经济、国家规划、国土整治，等等。然而工业合理性的方方面面与形态尽管朝向总体性，却发展得相当不均衡，还是先前就存在的某种理性的具象化。根据不同的社会与政治结构，不均衡发展的法则发挥着作用。建立工业合理性，也就是在确定的基础上制定上层建筑的工作，并未完成，而且已经有所不足。城市整体实践从无法分裂的局部实践出发而构建起来，比如，把中心性研究与边缘性研究一起纳入考察，同样需要纳入的还有城市派对与城市游击队、日常生活及其指导行为与入侵、无规范与正常、地方与乌托邦、明智与严肃、要求与抗议，以及群体、阶级、阶级战略，等等。总而言之，理论的作用在于不顾分裂地提炼现实元素并把它们集合起来，这样的作用伟大无比。理论革命从马克思开始，它揭示了工业化过程与持续不断的工业实践。

理论革命预设并导向针对现存上层建筑的彻底批判（然而批判不应该局限在否定性上，同时还需要为其制定"积极的"理论，也就是普遍的理论，来赋予历史与事件以意义）。在彻底批判所揭示的上层建筑中，我们列出了这些东西：国家机器及其专业化政治机制，表面上不是意识形态的意识形态，启蒙哲学那种不具有连贯性的普世主义，（经济）增长的意识形态及其替代产品城市规划。总之，它们都是受到合理性束缚的形式。

最坚定地自称为学者的那部分专家情不自禁地呼唤着合理性。这种合理性没有上下文，是绝对的。通过此类歪曲，人们

将合理性固定下来。这有一个理性延续形式的列表，可以提供
一些关于这类争议的重要观点。由古希腊思想（亚里士多德）
定型的逻辑理性被分析理性（笛卡尔和欧洲哲学）继承，随后
是辩证理性（黑格尔和马克思，随后是当代研究）。每一种形
式都把上一种形式整合到自身之中，而不是摧毁它，这就会造
成很多问题。同样，所有西方传统所建立的哲学理性均被工业
实践理性（圣西门、马克思，等等）继承，后者如今则置身于
形成过程的城市合理性之上。抉择的合理性已经不再处于思想
层面，而是处于社会层面，它让位于组织的合理性，而后者也
不能免于提出关于终结与意义的问题，因此属于完成的合理性。
在这一关于终结的层面上，（古典的与自由主义的）抽象人道
主义若是想要继续充当意识形态，就必须自证为批判的人道主
义，后者则产生了具体的、实践的、发达的人道主义。第一步，
人道主义与关于人类的形象相符，它的抽象方案由哲学家表达
并代表。到了第二步，它符合针对目的与意义的根本抗议。到
了第三步，它则拥有了关于（确定的、相对的，但"总体的"）
完满的观念与意志。

在"五月风暴"的进展中，一种关于知识的观念崩溃了。
对此，我们必须行动起来，确定该抗议的成果。该观念同时达
到并致命地触及了知识的形式、内容和过渡形态。与该观念同
时濒临死亡的还有某种合理性。它就像这个社会的其他上层建
筑那样寿终正寝。临终的不是那种通俗意义上的"上层建筑"、

那种简简单单对"基础"与结构的反映、那种建设意义的层级。今天，知识诞生于所有社会现实层面，并对从根基到顶端的一切层面进行干预。它同时也提出了问题，关于知识占有者的等级化、这些等级所依托的隔断性，以及知识自身的等级化（逐次的入门，秘传和故弄玄虚带来的默启）。（广义的一切社会生产中）所有生产者的自治意味着知识的自治，这是对整个社会生活进行教学的活动的特殊部分。像这样，资本主义与资产阶级关于知识的观念可以消失了：积累，以及像管理资本那样去管理知识，后者当然存在很多问题，因此也有了被称为"创造性"更新与转型的解决方案。这样一来，废除了什么，也就是说，超越了什么？首先是作为商品和交换价值的知识，关于商品社会与商品世界的知识，这种知识被分成小份散装起来进行兜售。乌托邦？可以这么说。实际上并不可能的可能性？也许吧，但不去可能的路上走走看，就什么都不会改变。今天的不可能就是明天的可能。

这样，一种新的合理性，在某种具有政治培育特色的高级统一性中建立起来。它要求而且导致批判——最好的情况是自我批判——绝对政治，并批判支持绝对政治且为其提供依据的意识形态。政治培育本身就包含着向度与层级的统一性，在现实与知识方面都是如此。政治培育将现实与知识重新整合，抑或整合进一种汇聚了历史之所得的合理性。这样的历史包括哲学、知识、意识形态的历史，最后也包括国家的历史。政治培育，只有可能是实践的与理论的集体努力创造出来的作品。

XIII 知识的双重身份(社会身份与理论身份)

1968 年 5 月的事件使人能够更好地理解，在一个拥有自身特色(最高级别的特色包括技术、知识、生产力特色)的国家中，文化革命由什么构成。它不局限于文化。只要真实或虚构的文化在某种程度上承载着政治意义，革命就会从政治出发，并以政治为目的，而且不可能不对经济造成影响。在体现为迷思与行动的绝对政治概念的统治下，还有会有其他可能性吗？在绝对政治的统治下，连同对它的反对，一切都成了政治的，首要的便是"文化"。在此背景下，文化从目的变成了手段，因此解体了。"文化"和"文化的"这类字眼统一起来，混淆于艺术与科学之间、伦理学与美学之间、确定好的"价值"与正在解体的意识形态之间、虚构的结局与有效或生硬的工具之间。知识本身也散落成粉末，简化为一大堆由意识形态重新捆绑在一起的碎片，并由权力维持稳定。这是变成了马赛克的知识，而且是镶嵌得非常糟糕的马赛克，它表现的全是不完整的、鬼面一般的形象。如此这般的文化情况显现出来，文化革命最初就是由这种显现决定的。反革命认为革命者摧毁的是文化与秩序，其实不然，革命者不过是把礼崩乐坏的迹象揭示出来罢了。

到了第二阶段，它会摇撼在政治权力的庇护下给予"文化"某种虚假统一性的文化体制与意识形态。第三阶段：文化革命挑战知识的社会身份，这同时意味着对知识的理论身份（或者我们也可以说认识论身份）提出质疑。此二者相辅相成。知识的社会功能定义始终伴随着知识本身的定义。反过来，针对其功能的批判性检验也要诉诸知识自身身份、形式、（相对）自主性的定义。

对马克思与马克思主义思想感兴趣的人，谁不记得该思想针对知识、知识的"属性"、知识的"本质"及知识在历史与社会中的位置进行的讨论？知识自身可以被定义为上层建筑吗？某种意义上可以，因为长期以来，知识都与哲学和意识形态联系在一起，此二者毫无争议都是上层建筑。同时也不可以，因为知识并不随着"基础"而消失——因为那些由生产力和社会发展在某个层面取得的成就已经整合到一个特定整体中去了，而这个整体就是知识。可以把知识与生产力联系起来吗？当然，不过它们的关系实际在什么条件下构成？一种知识，更确切地说是各种知识，它们与技术有联系吗？与劳动的组织方式有联系吗？我们不应该遗漏社会关系及其特殊性，以及生产方式的框架与国情的特殊性。是否应该把科学与语言一块儿纳入社会发展的整体当中？然而存在很多种语言，知识体现不出那么多与语言类似的多样与差异情况。以下三个术语之间又是什么关系：理论（知识）—实践（它也是多样化的）—意识形态（毋宁说是多重意识形态，它们随着历史发展而衰退，失去效用，然而知识与科学却拥有某种不算独立于历史，却仍然相当特殊的自身历史）？

人们应该记得，二十多年前，这一争论被某个过于草率 185 与粗暴的"理论化"运动重新唤起并推向极致。人们当时倾向于用无产阶级的科学去与资产阶级的科学对立。事实上，这不过是分散注意力并掩盖其他东西的手段罢了。这样的宏大叙事并不在意理论是真是假。它成了一种意识形态，与绝对政治的概念团结在一起，试图利用"文化"来引介一种思想。把逻辑与所谓的社会科学放在一起比对，这不是件极度荒谬的事吗？要让形式逻辑去构建一个诞生并消亡于"基础"之上的上层建筑，这从逻辑上看简直不可思议。一旦这样的上层建筑建成（要搞清楚，是在某些历史条件下），它就是不可撼动的。它可以不断完善，但不会消失。二十多个世纪以来，形式逻辑看上去始终是知识的稳定形式，透明而空洞。而辩证法的思想与方法独立于生产方式，独立于经济"基础"与社会"基础"。然而历史进行了干预，要么抹掉、要么加强既定逻辑与辩证法方法论，还有与之相配的概念与理论。（生产力与社会发展、阶级结构与政治性上层建筑的）水平影响甚巨。语言要么有利于辩证法思想，要么禁止它。事实上，这关乎形式与内容、统一与冲突之间的复杂关系。内容、差异和冲突可以在某种程度上从意识中清除、简化、连根拔走。

至于所谓的社会科学或人文科学，比如，社会学，它们可以包含意识形态的很大一部分，因此为政治工具效力。这并不排除关于某些知识的意识形态中的不一致性，也不排除经由这一路向，后果严重的问题会随之到来。让我们再举一个例子：人们称之为"城市规划"的东西由什么构成？这不过是个意识形态，在法国，它由国家机制与专业官僚机构制定，被私人利益所利用，被给予某种先前意识形态（人文主义）的功能性解读。不过，该意识形态与正在形成中的城市社会的真切问题（集合成的一个问题性）整体相符，这一整体由意识形态掩盖，也在意识形态的作用下重见天日。此外，自诩为理性的城市规划如此应用，其实践某种程度上偏离并损害城市整体实践，而城市规划自己看不到这一点，因为它还处于发展之中。

文化革命揭示了上述情况。它对知识的问题性提出强烈质疑，这也是由整个社会提出的针对占据优势地位的知识的具体的问题性：国家、城市、乡村，以及日常生活。知识经过权威地传播与官僚地管理，为社会等级提供了依据，因此也使自身受到如是解读与损害。知识一点儿也不真实。如果官僚制是建立在根据自身的规则与某种知识的规范占有并传播知识的基础上，该领域的首要问题就是解放知识，在不毁灭知识的前提下将它从束缚中解脱出来。应该如何分析知识的功能、形式和结构之间高度复杂的关系？应该如何修正它们，才能进入一种高级的一致性与合理性？

如今，在资本与知识之间体现出某种类比关系。也不该过分执着于这样的类比。事实上，它区分了三个层面的生产。我们知道，这样的分析延续了哲学及其"总体性"概念，只不过用了一种全新的方式。人们可以这样说：生产活动的"三个维度"，只要这样的字眼不会使原本应该由它联系在一起的东西分化得更加厉害。这些相互区分的层面或维度有：产品的生产与再生产—社会关系的生产与再生产—作品的生产。知识属于最后一个层面，而且不应与单纯、简单的物质生产并列。脑力劳动作为社会必需的非物质生产，拥有其特殊性质。而知识却像物质财富那样积累，经过"资本化"而成为对象与金钱。它要么找到，要么找不到进行再生产与扩大化积累的有利条件。已经获得的知识产生自已经过去的劳动。作为资产阶级占有与管理产生的后果之总和，资本与正在进行的活生生的劳动相对立，也就是与唯一使其具有活力并不断运动的"集体劳动者"相对立。知识呢，也不过是缺乏研究与实践行动、缺乏实际劳动、缺乏确信认识的已死之物的总和。在物质与非物质生产中，恒定的、已经获得的、被某一阶级占有并根据其利益管理的资本，与变动的资本及用薪资支付的创造性活动相对立。这样的资本掩盖了"社会现实"，也就是社会关系及结构的生产与再生产，后者包含过去的劳动之上活劳动的权利的依附、剥夺、缺席，以及（社会）集体劳动与生产资料（私人）所有制之间的联系

187

的缺席。

已经获得的知识穿越劳动的技术分工并在这个过程中变成了碎片，目的是根据劳动的社会分工规范制度地重新凝结起来。就这样，功能的不均衡得到认可，特权化、等级化的功能（占有、管理、指导）得到认可并建立在真实（教育、传播、研究、吸收、应用）之上，这些真实的功能本身也等级化了。科学劳动的技术分工让位给相互分离的专业化企业（实验室、研究院），因此让位给分隔本身。这当然不会妨碍普遍性机构与官僚主义的存在，它们与资产阶级社会的需求及根据这个社会的要求与限制进行的资源分配一道，管理着这个社会的整体。在这里，我们的分析开始触及上层建筑的层面。如此这般的知识不可以简化为一种上层建筑。"文化的"意识形态与体制才是上层建筑，其中包括与知识相混合的、追溯至中世纪与农业主导社会的时代的意识形态：对神秘性与神圣性的癖好，知识身上的神秘性封印，由晦涩行话隐藏并保存的玄奥，同入行仪式与秘密传授相混合的实践学徒，未能很好地与仪式性相分离的教学实践。这种源自农业与中世纪的意识形态与追溯至工业时期的意识形态相混合，后者则强调专业性，并为其提供了依据，也就是展现持久嫁接在变动不止的、始终是暂时的、可以更改的技术分工之上的劳动的社会分工，并为其辩护。知识穿越整个难分难解的混合而重新回到（社会）实践上，越来越完全地投身于物品的生产及关系的生产与再生产当中。知识试图走向一种将自身也整合进去的统一性。然而事与愿违，已经有一种（反抗的、革命的）实践揭示了这样的混合，指出了这样的情况，造成了某个在合理连贯性的符号之下一点儿也不连贯的建筑坍塌。

188

那么，知识与作为阶级社会的现存社会之间的关系究竟是什么？极左分子的论点是，不，知识本身并不是某个阶级的知识。同时，对，知识与（资本主义的、资产阶级的）社会的阶级结构之间存在某种联系。知识被统治阶级，尤其被"意识形态与知识"的互动决定，"互动"一词同时意味着含糊与矛盾。知识同时也是统治阶级的财产，按照有利于该阶级的标准来传播。知识被统治阶级管理，也就是被该阶级体制化。因此从这个由（历史的、社会的）主体构成的阶级将知识作为某种内容与对象加以占据并赋予知识以主体性特点的意义上来说，知识并不是某个阶级的知识。这是一种嵌入阶级关系、阶级冲突的知识，它同时也带来其他特定冲突。这样特定地、理性地构想的知识不依赖于某个主体：既不依赖社会主体（资产阶级、无产阶级），也不依赖政治主体（政党或国家）。它拥有某种内容与某些自身的功能，根据有待确定的结构，与某些形式相结合（首先与逻辑的形式相结合）。

这样就确定了知识的社会身份与理论身份。知识与主体性（与阶级的主体性相似的还有群体或整个社会的主体性）相分离，也与（关于通过与客体进行类比而被理解的存在的）客观主义相分离。这样的知识以自己的特殊方式进入这个社会的矛盾。这意味着知识带有自身的特殊矛盾。在（竞争性或垄断性）资本主义的框架下，生产资料私有制与生产劳动的社会属性的根本矛盾以特殊方式投射到知识身上。该矛盾至关重要，不仅仅因为它为这个社会生产现实的与潜在的冲突，还因为它阻碍（经济）增长，尤其还阻碍（社会的、质的）发展。知识中也存在知识私有与知识的生产资料私有之间的冲突，这是一方面。

189 另一方面，是知识的社会属性：知识是生产性劳动与创造性劳动，是应用，是自我追随的目标，是实践工具。这样的处境以特殊的方式阻碍其增长（通过教育进行知识的扩展与普遍化）和质的发展（使教育变得高雅，建立高级合理性）。

如此冲突，意义如此深刻，后果如此严重，它怎么会未曾表现出来？为什么人们没有把该冲突当作他们首要的挂虑？谁会满足于仅仅在体制层面对其进行"改革"？而且为什么要改革？是中介掩盖了矛盾，又恢复了矛盾，包括意识形态中介（哲学、道德与"价值"、艺术、伦理学与美学）与机构中介（**大学**、教会、特定职业群体与职能群体：情报员、表演策划组织人，等等）。这些群体在事实上与权利上都曾拥有多重功能。它们全都曾在这样那样的所谓文化部门运作，为"文化的"虚假统一性作保。然而这些中介却消失了，被绝对政治与国家权力破坏，被抽空了内容与意义。情报行业的例子很有意思，前文已经讨论过它的消失。"五月风暴"只不过是让这一情况暴露了出来，而个中要素与各个方面依旧处于潜在的、未被揭露的状态。中介的坍塌反映了早就已经缓慢发生在它们身上的分崩离析。这些所谓的文化机构那尚未来临的落后与真实的落后再也无法掩饰根本冲突，它们位于知识的"本质"之上，位于知识那社会的、理论的双重身份之上。

从事实上与权利上看，人们都应该提出重建知识的问题。必须通过对剥夺者进行剥夺来重建知识。理论革命，也就是所谓的"文化革命"，意味着构思新理论。知识那统一而普遍的特性既不该再按照（始于前工业时代的）百科全书派那样的观点来理解，也不该再按照（始于工业时代、组织型资本主义与集中化国家管理时代的）碎片知识与被有局限的理性主义意识形态拼贴固定得一塌糊涂的总体知识模式来理解。理论的与实践的重建，概念的与教学的知识，都在呼唤构思一种具有普遍性因此也具有合理性的新类型。关于这样的合理性，我们应该强调它的两个特点：它既是历史的又是理论的，它尽管诞生于实践当中，却是被概念地、方法论地（经验论地）制定出来的。尽管如此，确定知识的形式时，为其确定一个自在的（pris en soi）、作为目的与结果的经验主义身份毫无意义。理论的制定，只有当它们为实践、知识、知识管理、知识传播（传播本身也是实践的）的有效转型服务的时候才有意义。知识的传播要求其实现形式与丰富方式永远新颖，它会建立一种局部的实践，一种教学的实践，不论它纳入普遍实践的方式是否具有连贯性。上述说明本身也是理论革命的一部分。

190

如果非要提供一个模式，我们只能说那些哲学的概念（在其统一性与冲突关系中被理解的主体与客体——绝对系统与一致性）对于重建路线与构思是必要的，但再也不充分。根本症结与衔接点存在于形式与内容的关系当中。在真实的（物质的）一端有"自然"，在理性的（形式的）一端有逻辑，后者并非不动，因为它可以完善，然而一旦没有内容，它就毫无用处。辩证逻辑把形式与内容的关系安置在概念与语言上。在逻辑的"纯粹的"、"空洞的"形式周围形成了众星拱月的各种形式，它们相互衔接，因此构建了一个结构，而每个形式都拥有一种特定内容（数学形式、交换与交流形式、司法形式、城市形式，等等）。这意味着去除分离的实体性的某种相对论与多元论。把形式、内容、关系、性质和身份逻辑改造为自主实体的形而上学思想是受到异化并实施异化的，它再不具备任何价值。社会实践（整体实践）永久地在物质自然与形式逻辑之间创立并重新创立辩证的统一性。

如果在批判反思（知识的永久步骤）与（"积极的"、建设性的）理论构思之间作出区分，这样的区分不应造成中断。思想的时刻，否定的也好，积极的也好，除了理论与实践、意识形态与知识的区分，不应该再有其他分离。

191　　最后这两个问题悬而未决。具体问题并不构成一切合理与真实的绝对统一体。它在实践的基础上把非经验的问题集中起来。这些问题之间并非毫无关系，但它们的联系无法正式被发现。使人可以谈论某个问题的统一性是在实践活动中发现的，也是由实践活动发现的。借由提炼知识元素并将其重新放入知识的理论反思的帮助，实践活动创造了（生产了）该问题。该问题指出意识形态与知识的含糊性，同时也指出它们之间的差异。有没有一种纯粹的、绝对的知识，也就是一劳永逸地澄清所有意识形态混合的知识？有，起码有形式逻辑，它"纯粹"，因为它是透明而空洞的。没有，对于所有真实的、与内容和实践相联系的知识来说没有。没有什么知识不会某天突然发现自己将意识形态与知识搅在了一起。作出确定区分的绝对理论的标准是否存在？不存在。只有"纯粹的"逻辑才有可能自认为达到这一标准，然而这样的想当然已经超出其权利范围。把意识形态同知识分开的理论工作没有尽头。批判与自我批判的辛勤劳动，同积极性与建设性步骤联系在一起的是否定性步骤，后者不成就知识，就不会停下来。知识的成就，是完成合理性与真实性的统一，它指出知识的边界，但人们永远到不了那里，因为有限之物无法触及无限。

意识形态诞生于实践，又回到实践，或者试图回到实践。在这个意义上，我们可以谈谈"意识形态的实践"。尽管如此，实践并不与意识形态相符，也正因为如此，才有了"实践的标准"。"意识形态的实践"这一概念存在隐藏一切意识形态在实践上的失败的风险。另外，"意识形态的实践"难道不是和反动、反革命的实践相配合的吗？就这样，城市规划、国家集中化的意识形态，都遭遇了双重失败：它们的应用被证明极度不连贯，而且阻碍了城市实践意识的形成与确定。"意识形态的实践"身上那种"非人"的属性被用来作为增补，然而除了判断失败已经注定，它什么都没有增加。

"理论实践"的概念也包含一定的有效性，然而它也有局限。它也被当成绝对的来理解，存在隐藏一切理论的实践来源这一风险。这么做无疑更加准确：区分局部实践与整体实践，同时为后者保留马克思主义思想惯常所用的那个称呼：praxis（整体实践）。前文很快展示了这样的整体实践是如何从工业时代的局部实践中建立起来的，是通过汇总，更确切地说是通过合理的总体化。因此这种整体实践具备有限合理性的内在属性（它造成的非理性后果，它对压迫性权力的重视）。意识形态给绝对加上了有限的合理性，它是从局部实践出发类推出来的，因此掩盖了这一合理性的局限。

从前的城市整体实践旨在依据恰当的假设，通过局部实践（包括工业时代的局部实践，它从各种推论中提炼出来，也从抑制与压迫中提炼出来）当中的一致总体性进行自我构建。既然理论在城市整体实践形成过程中起到的作用少之又少，我们还是谈谈"理论实践"吧。然而理论实践能与革命实践区分开来吗？不太可能。只要人们不把"革命"当作暴力，只要人们扩大革命的概念，并将其定义为以最深刻的趋势超越世上矛盾为依据而进行的世界改造，就不需要强行将理论实践与革命实践区分开来。日常实践本身并未逃离含糊性。它同时具有压迫性与革命萌芽。至于总是因为专业化而实施简化并受到简化的局部实践（包括活动本身与专门的理论活动），它们必须始终进行自我批判，进行相互批判，从而超越它们的局限与分歧。像这样，也只有像这样，总体性才能运作起来，也就是整体实践与转型后的合理性双方同时进行的形成与成形过程。

毫无疑问，在人们以为存在知识统一性的那些地方——（经验的或理性的）哲学、"纯粹"形式、不可触碰的认识论形态构建——是找不到这种统一性的。这样的统一性历史地存在于某一层面——政治培育的层面。只有政治中介可以让人理解知识与局部实践的集合，这一点人们当然了解。这样去理解的"政治培育"并不是培养政治家，更不是培养职业政客。恰恰相反，它要求对绝对政治与专门性政治机关制定的意识形态进行永久的批判分析。正是在这个意义上，也只有在这个意义上，政治培育才能带来知识的统一性与更加高级的合理性。"政治"一词在其词义范围内找到了另一层更加古老的含义：关于城邦社会生活的理论知识与实践知识。实际上，社会与城邦在另一个完全不同的层面上，在城市社会当中，重新找回了新的统一性。

该模式使人能够研究，或许还能确认知识的社会（与政治）身份，同时还有知识的理论（认识论）身份。该模式既不将知识与某个对象捆绑，也不与一般对象捆绑；既不与某个主体捆

193

绑，也不与一般主体捆绑；既不与被认为是绝对的系统捆绑，也不与知识"全体"（corpus）这样的系统化概念捆绑。知识不再缺乏合法性与依据地悬搁于空中。合理性在其历史基础与社会支撑中展现。永不止步的历史唯物主义与辩证法思想整合到该模式当中去。占统治地位的两极对立，也就是（物质）自然与（逻辑）形式在如此框架下为整体提供支持，在这一整体当中，形式、功能、知识结构各安其位，任何一个都不会把另一个简化到比较不重要的地位上，取消它，主宰它。

就像工程师或技术人员那样，教师也不该被当成坏蛋和全民公敌。应该被打倒的是等级化的意识形态与命令式形象，后者把教师放在高于学生的地位上，把政府放在高于被统治者的地位上，把知识放在高于无知的地位上，而恰是这样的无知正在寻求并获取知识。正因如此，那些关于入门与秘传的意识形态，关于被剥夺了整体性的、碎片化的、自认为高人一等的专业性的意识形态才会存在。在这里，古典哲学及其双重论题——无知的博学者，还有助产术 [1]——再度为我们启蒙，尽管其曾被人遗失途中。在新条件之下，这是有待重新获取与重新整合的双重论题，正如所有哲学的论题那样。

1　此处涉及苏格拉底，苏格拉底常声称自己"无知"，"自知无知"是其哲学的基础和标志。"助产术"是苏格拉底惯用的辩论术：通过诘问的形式，不断揭示对方谈话中自相矛盾之处，从而逐步由个别的感性认识上升至普遍的理性认识、定义和知识。自称"无知"，却能帮助他人生产知识，因此，与他的"助产士"母亲所做的事情类似，苏格拉底扮演着"知识助产士"的角色。——译注

教师是"灵魂的工程师"吗？当然不是。教师并不用已经取得的不变知识去塑造灵魂。教师是自在的。另外，工程师可能拥有才华，也可能没有；医生可能天赋过人，富有洞察力，甚至可能是个天才，也可能不是。教师是否仅仅应该传授知识，传播所有知识中或大或小的一部分？教师的天赋与才华是否应该限制在教育学之内，既然教学实践本身要求天赋与才华，而教学发明则要求天才？教学只是对既有知识的反射、折射或衍射，只起到传播作用，这种观念是错的。知识在一切层面（从学生群体到整个社会）成为一项集体事务，这并不意味着要消除个体性。知识的传播也好，研究也好，都不应该按照信息专家体制的抽象模式来进行。教师不应该自认为是个渠道，**"大学"**机构也不应该自认为是个网络。重建知识？是的，但不是以这个模式。新的合理性？是的，但是要通过一项大型工作（教学、研究、探索）将其彻底转变，该工作既是集体的，也是个体的，它将整体实践不容分割的两个方面结合起来。生产性工作即创造性工作。

就这样，哲学诸多伟大理念中的一个，在新条件下获得重生、实现转型。该理念是哲学方案的一部分，它一度误入歧途（并自我异化）。教学既不应该围绕确定性，也不应该围绕不确定性进行组织。它从相对出发，迈向绝对。它承载着局部，目标是总体。不确定性走向虚无主义。在两者之间，还有另一条道路可走吗？一条关于真理的道路——完全不与政治的"第

194

三条道路"相干——总领着革命真理的路线与方向？教学围绕
具体问题进行，后者既是实践的，又是理论的；既是经验的，
又是从概念上进行反思的；既不在（不变成果的）墙根徘徊，
也不游荡于深渊的尽头。在我们已经列举出来的具体问题周围
就可以组织教学，这样的教学超越过于具有确定性的学科与交
叉学科的不确定性。其中，关键问题就是城市社会的问题。城
市社会试图超越工业社会，然而尚未对工业社会进行革命。在
其历史条件之下，城市社会从自身出发，而不是从公式化的城
市问题出发——最普遍的问题，关于"人"的问题，更确切地
说是关于"人之为人"的问题。

195　　　　这样的视野既不重新回到理性主义，也不回到经验主义。
它不属于某种社会学至上论（尽管它是历史与社会现实的一部
分），也不属于某种哲学诡辩。它赋予逻辑的地位回应了某些
来自经验主义尤其是社会学至上论的反对与指控。它赋予（物
质）自然的地位回应了抽象科学主义与唯物主义哲学诡辩的指
控。至于那种认为政治知识可以带来知识统一性的论题，难道
它不会去支持对所有自哲学与知识诞生以来都在攻击它的论据
发起攻击吗？

1968 年 6 月

亨利·列斐伏尔在"隐形学社"中的位置：从上层建筑批判到体制分析

亨利·列斐伏尔所著《资本主义的幸存》一书的第3版，出版于这位哲学家诞辰一百周年、逝世十周年之际（2001年），当时重新发掘和出版其作品的活动不断扩大。《资本主义的幸存》第2版出版于1973年底，第1版则是同年上半年（5月）出版的（这两个版本仅在装帧设计上有所不同）。

为了不使这个新版本显得累赘，我以为，与其放入一篇不厌其详的前言，回顾亨利·列斐伏尔的生平与著作（在《存在主义》［*L'Existentialisme*］、《拉伯雷》［*Rabelais*］、《从乡村到城市》［*Du Rural à l'urbain*］和《写给美学》［*Contribution à l'esthétique*］这些由安特罗波斯出版社于2001年再版的作品中，

我已经这样做了 [1]），倒不如邀请 1970 年代非常熟悉亨利·列斐伏尔的社会学家雅克·吉古，对这本他始终钟爱的著作进行介绍。筹划《资本主义的幸存》这个第 3 版期间遇到的若干困难，促使我今天在征得雅克·吉古同意的前提下，写下这篇后记。本文旨在对第 1 版出版时的背景进行清晰说明，同时重新提出本书当中令我时常记挂的一个议题，这就是本文将要在此叙述的话题，纵使此处的叙述也远远谈不上清晰透彻。

再版该作品的想法，在 2001 年 6 月于巴黎第八大学举办百年诞辰研讨会的准备工作期间浮现，让人觉得此举很有必要。事实上，我决定优先将亨利·列斐伏尔在三十多年前交给安特罗波斯出版社的那些作品，放进我当时正在同一家出版社主编的丛书当中再版。因此，大约在 2001 年 3 月，我邀请雅克·吉古为本书撰写前言。他后来也将此文作为贡献给同年 6 月研讨会的文章。

更确切地说，第 3 版更像一本证明了自身价值的新书，因为前两版在收录、编排材料的时候都遇到了一些问题。此书晦涩难懂，因为在编排上犯了大错（好几个地方的页码顺序都搞

1　此外，还可参考 Remi Hess, *Henri Lefebvre et l'aventure du siècle*, Paris: Métaillié, 1988; Philippe Geneste 作序的列斐伏尔专刊，*L'École émancipée*, juin 2001, p. I-VII 中 Remi Hess、Sylvain Sangla、Armand Ajzenberg 和 Maïté Clavel 的文章；Christine Delory Momberger, « Pensée polémique et invention », *Cultures en mouvement* n° 39, juillet-août 2001; « Henri Lefebvre », *Urbanisme*, juillet 2001; Remi Hess 为 *Méthodologie des sciences*, Paris: Anthropos, 2002 撰写的前言 « Henri Lefebvre et le projet avorté d'un Traité de matérialisme dialectique »。

乱了）。因此我决定彻底重新编排该书，使其篇目设置与作者的手稿内容相符。韦罗妮克·杜邦（Véronique Dupont）负责比对，塔玛拉·蒂默尔斯（Tamara Timniers）负责编排页码。阅读校样的时候，雅克·吉古的前言当中的一条注释引起了我的注意。在对比《资本主义的幸存》与《泛滥：从楠泰尔到巅峰》时，我意识到前者有一部分内容一字不动地来自后者。亨利·列斐伏尔 1973 年完稿《资本主义的幸存》时，把《泛滥：从楠泰尔到巅峰》一书最后 80 页的内容加在目前构成头三章的 120 页内容之后。

　　直到那一刻，我才发现了这一情况。不过正如克里斯蒂娜·德洛里–蒙贝尔热（Christine Delory-Momberger，《拉伯雷》前言的作者）向我提示的那样，这一操作可能产生了不一样的效果。那些把这数十页读了两遍的好奇读者，会觉得这个点子在解释说明方面成就非凡。这数十页在两本书中的顺序并不相同，而内容完全一致！细心的读者会在索引中发现概念的延续性、书中两个部分乃至全书的延续性。这很好地表明，并非编者想要让书变得更厚，而是对于作者本人来说，重新结合这些文本意义重大。

　　而《泛滥：从楠泰尔到巅峰》一书也在"五月风暴"三周年之际（1971 年）由西累普斯出版社（Syllepse）再版，标题稀作改动，内容详实丰富。[1] 因此如果不指出重新对照这两部作品的必要性，就不可能直接让人重读《资本主义的幸存》。

因此，本次再版是团队工作的成果。此外，出于为第 3 版添彩的初衷，我为此书编了索引。在这一过程中，我确定了一个想法，那就是在关于生产关系再生产的清晰议题背后，隐藏着另一个问题。大约 2000 年，在我第一次重读此书的时候，该问题就引起了我的注意（在那之前，我还读过两次，却尚未发现本书情况的特殊之处）。[2]

我对亨利·列斐伏尔的作品的研究分为三个阶段。

第一阶段对应的年份是 1967 年至 1980 年。这一阶段，亨利·列斐伏尔只要一出新书，我就会找来读。这一时期，我与他走得很近，因为 1967 年—1973 年我是他的学生。1973 年 6 月，我完成博士论文答辩后继续参加他的某些研讨课程，尤其是 1975 年每周一次在安特罗波斯出版社的一间会议室里举办的关于卡尔·冯·克劳塞维茨《战争论》的讲座。在课上，我们相互阅读彼此的作品，交换文本，这都要感谢勒内·卢罗从中协调。这项工作可以看作"体制分析的隐形学社"的一种活动形式。1980 年，我撰文《亨利·列斐伏尔》，该阶段就算是告一段落了。

1　Henri Lefebvre, *Mai 68, L'irruption*, 包含 Pierre Mouriaux 的前言，Pierre Cours-Salies、Réne Lourau、René Mouriaux 三人聚头的圆桌会议产生的书评，Pierre Cours-Salies 的后记，1968 年"五月风暴"事件时间表，以及参考书目。

2　此处"第一次重读"和"在那之前，我还读过两次"这两个表述，原文如此。——译注这篇文章发表于 1984 年法国大学出版社（PUF）推出的第 1 版《哲学家词典》（*Dictionnaire des philosophes*，p.1542-1546），1993 年，该词典在发行第 2 版时移除了该文。

　　第二个（密集）研究亨利·列斐伏尔的作品的阶段对应的年份是 1985 年至 1991 年，直到亨利·列斐伏尔去世为止。这一时期，我出版了《亨利·列斐伏尔与本世纪的奇遇》（*Henri Lefebvre et l'aventure du siècle*, Paris：Métailié，1988）一书，还在梅里迪安—克林克西克出版社（Méridiens-Klincksieck）由我与安托万·萨瓦（Antoine Savoye）一道主编的丛书中，编入了由米歇尔·特雷比耶奇（Michel Trebietch）撰写前言的《民族主义对抗国民》（*Le Nationalisme contre les nations*, 1988 年第 2 版），以及由勒内·卢罗撰写前言的《总和与剩余》（*La Somme et le reste*, 1989 年第 3 版）。

　　第三个密集研究的阶段是 1998 年至 1999 年。在这个时候，我产生了与安特罗波斯出版社合作筹划再版《空间的生产》（*La Production de l'espace*）一书的念头。自从这本书的第 3 版于 2000 年发行以来，我又筹划再版了《空间与社会》（*Espace et société*, 2000），并于 2001 年，也就是亨利·列斐伏尔诞辰一百周年之际，我筹划出版了《从乡村到城市》、《存在主义》、《拉伯雷》、《历史的终结》（*La Fin de l'histoire*）、《写给美学》。2002 年，我继续这项工作，出版了《科学的方法论》（*Méthodologie des sciences*），以及如今这版《资本主义的幸存》。

这项工作激励了我，使我有意动笔为上述作品撰写介绍，在法国与国外的讲座上进行相关宣讲，并写作一定数量的针对性文章。美国有一些编辑也就若干书籍的翻译之类的事请我帮忙。倘若不发表一两部从列斐伏尔的思想出发的作品——自 1993 年来就让我投身其中的《现时的理论》（*La Théorie des moments*），以及《以退为进的方法》（*Méthode régressive-progressive*）——我不会情愿就此终结第三阶段的工作。在我看来，他的思想在全球化背景及其产生的问题下焕发了新生。

如今，我想要重新提出的议题涉及列斐伏尔通过勒内·卢罗保持的与体制分析运动的关系。我试图论证这样一个想法，那就是我们刚刚读完的这本书体现了作者观点在理论领域的批判性定位，在体制分析的视野中，它偏向强调制度概念的政治分析。这一定位，亨利·列斐伏尔本人并未清晰说明。不如说是这一定位与作者思想于 1967 年至 1968 年的逐渐演进自然而然地发生了吻合。同一时间，亨利·列斐伏尔投身于关于阿尔都塞及"马克思主义的结构功能主义"的论战。与此同时，他也谨慎地批评了勒内·卢罗（和乔治·拉帕萨德）在理论上的"跑偏"。这恰好涉及我们提到的体制分析理论，在那个时代，它正在形成一股批判理论的思潮。[1] 在进入详细讨论之前，让我

---

1 事实上，在 1971 年，乔治·拉帕萨德和勒内·卢罗一起发表的《社会学的要领》（*Les Clés pour la sociologie*）原本也会落入与勒内·卢罗那篇遭到亨利·列斐伏尔攻击的文章同样的批判中。

们快速介绍一下人物背景。亨利·列斐伏尔与勒内·卢罗的相遇，对于后来扩大到其他人的那种互动动态实际上至关重要。

　　该讨论的贝阿恩[1]起源，可以追溯到 1963 年 12 月 24 日。1962 年夏天，来自位于波城附近的热洛城的勒内·卢罗阅读了《总和与剩余》。他通过该书编辑给作者写了封信。亨利·列斐伏尔发现他是自己的邻居，于是在那封信寄出五天之后，他某次从比利牛斯山散步回来的时候顺道拜访了卢罗。就这样，卢罗结识了列斐伏尔，并很快与他成了朋友。列斐伏尔同意给卢罗指导其做梦都想着要撰写的关于超现实主义的博士论文。在那个时期，卢罗是法语老师，对达达主义运动十分热衷。

　　然而，1963 年 12 月 24 日，在卢罗去纳瓦朗斯见列斐伏尔之前，他的兄长皮埃尔（Pierre）建议他顺道在阿尔比——一个位于热洛与纳瓦朗斯之间的道路上的村庄——的乔治·拉帕萨德家中停留一下。他们一见面，拉帕萨德就建议卢罗放弃他那篇关于超现实主义的论文，投身于涉及体制分析的论文。拉帕萨德自己从 1959 年开始就研究同一个主题，并在 1962 年6 月至 12 月罗瑶蒙（Royaumont）研讨会期间将其概念化。卢罗征求了列斐伏尔的意见，后者认为这是个绝佳的想法。列斐伏尔并未忽视体制主义运动，因为他的朋友吕西安·博纳费

1　法国旧省份，位于法国西南部的比利牛斯山北侧。亨利·列斐伏尔与勒内·卢罗都出生于该地区。——译注

(Lucien Bonnafé) 也投身于体制心理治疗。[1]列斐伏尔同意改变论文主题。据他哥哥皮埃尔说，在卢罗那方面，有一个物质因素可以解释如此迅速的转变，那就是一场车祸。他把自己的"太子妃"[2]开进了波河，这场车祸可能摧毁了他关于超现实主义的很大一部分手稿。[3]

拉帕萨德为卢罗组织了一次入学旅行，去圣阿勒邦的精神病院参观。这是所体制心理治疗领先的医院，弗朗索瓦·托斯凯勒 (François Tosquelles) 医生就在那里工作。他接受筹备博士论文的卢罗为合作人，参与他的社会分析研究与教育学自治研究。他帮助卢罗在《本能与体制》 (Instincts et institutions, Hachette, 1953) 一书中发现了吉尔·德勒兹的选文。通过阅读这本书，卢罗的研究获得了相当大的进步。经过六年的田野调查与写作，1969 年，卢罗在楠泰尔完成了关于体制分析的博士论文答辩。在此期间，1968 年的"五月风暴"蔓延整个楠泰尔学院。也是在楠泰尔，列斐伏尔于 1966 年聘用卢罗为自己的助教。从 1967 年起，卢罗开始在那里教授体制分析课程。就这样，从 1963 年开始，列斐伏尔与体制分析之间的联系开始萌芽。

1　1997 年，卢罗与拉帕萨德关系趋于冷淡。他写到，他觉得自己与博纳费的关系比与拉帕萨德的更加亲近(Les Clés des Champs, Anthropos, 1997)。

2　雷诺产于 1956 年至 1967 年生产的一款小型汽车。——译注

3　关于这一点，可以参考皮埃尔·卢罗为亨利·列斐伏尔再版的《比利牛斯山》(Pyrénées, Caim, Pau, 2000)再版所写的后记。

　　我甚至可以说，一个针对体制分析的隐形学社，正是围绕着卢罗、列斐伏尔和拉帕萨德的研究而成立起来的。该团体在1967年到1978年发展壮大，雅克·吉古、安托万·萨瓦、帕特里斯·维尔（Patrice Ville）和我本人都通过众多合作加入了进来，特别是通过列斐伏尔创办的期刊《人与社会》（*L'Homme et la société*）和《工人自治》（*Autogestion*）——均由安特罗波斯出版社出版——及其他作品的出版合作[1]。尽管列斐伏尔出席了为数众多的"体制主义者"活动（特别是1984年在蒙苏里第三公园举行的会议），还有他在这样的国际集会上为批判体制分析去政治化的情况而进行的"强势"介入，然而他的这部分贡献在1989年之前都不为人知。他很少在这方面被人引用，而我们当中的某些人真的欠他太多！直到《总和与剩余》的第3版作为"体制分析"丛书的一种（卢罗为其撰写了相当精彩的前言[2]）出版，才给予了这位哲学家在我们的运动中应有的地位。

　　如何解释列斐伏尔十五年来在体制分析当中这种既缺席又在场的情况？在我看来，一个解释因素是列斐伏尔给卢罗带来了如此重大的影响，如此自然而然以至于人们都忘了要提及他。

1　涉及本次讨论的重要作品包括：列斐伏尔的《资本主义的幸存》和四卷本《论国家》（1976—1978）；卢罗的《无意识国家》（*L'État inconscient*, Minuit, 1978）；埃斯的《中心与外围》（*Centre et périphérie*, 1978，2001年再版）。

2　R. Lourau, « H. Lefebvre, parrain de la maffia institutionnaliste », préface à la troisième édition de H, Lefebvre, *La Somme et le reste*, Paris：Méridiens Klincksiek，1989.

他是如此在场，以至于人们觉得提及他都是多余。然而，引用上的疏忽对于那些并不处于如此自然而然的师生状态之下的信徒来说，就变成单纯的遗忘了。这样的遗忘带来的结果是糟糕的理论偏航。在一项试图对隐含内容进行阐释的运动中，人们面临着篡改的危险！这样的不公对列斐伏尔也产生了同样严重的影响，哲学家始终试图严肃对待体制分析的教条并对其进行讨论。但或许列斐伏尔与卢罗之间三十二岁的年龄差异使后者难以看出阅读列斐伏尔给体制主义理论带来的力量有多么巨大。关系上的亲密难道不是对理论工作的一种蒙蔽吗？

此外，《资本主义的幸存》成书，对于隐形学社的成立与研究是个决定性的"时刻"。在这本书中，我们事实上会注意到，体制第一次作为与列斐伏尔惯常使用的马克思主义概念上层建筑相竞争的术语出现在作者笔下，被他用来介绍自己的政治文化。当时的马克思主义者往往将上层建筑（意识形态和国家意识形态机制）与"经济"基础对立起来。而我们的索引可以证明，"国家意识形态机制"这一术语实际上已经不再为列斐伏尔所用。每当谈及上层建筑，他常常会用括号夹注说明（意识形态与体制）。这一用词的改变对于思想活性层面来说非常重要，因为在后来 1600 页之巨的《论国家》一书中，列斐伏尔结构性地延续了这一调整。

在此，我没有足够篇幅用来谈论重新细读《论国家》的话题，这是我另一部作品的目的。[1] 但我们还是应该提到，《论国家》一书详细批判了体制主义者的研究，并投身于将国家作为超级体制而进行的理论探索——超级体制代表着诸如实施体制化与受到体制化、分析器之类由拉帕萨德和卢罗发展起来的概念。我想在此指出，在我看来，《资本主义的幸存》标志着列斐伏尔在"体制主义"理论上的转折，而且以某种方式，他将该理论放在了比拉帕萨德与卢罗更左的位置上。

　　然而，事实上，在1968年至1969年，列斐伏尔确实承认体制分析是一条能够使辩证批判同时在理论与实践（介入）层面继续发展下去的新路线。在《资本主义的幸存》中，他对卢罗进行了轻微的攻击（当然，用的是套着皮头的花剑），攻击层面既包括卢罗理论参考的偏航，也包括卢罗对社会分析实践的质疑。这确实算是谨慎而友善的批评，因为就在前文当中，他还表达了自己对体制主义运动可能会带来的教条主义持有乐观态度。

　　在对《资本主义的幸存》成书以前的一些作品进行有助于我们论证的引用之前，让我们先详细阐述一下列斐伏尔对卢罗提出质疑的两个地方（第二个地方还涉及拉帕萨德）。

1　这是 R. Hess 的 *La Mort d'un maître, R. Lourau et la fondation de l'analyse institutionnelle*,（Paris：Loris Talmart）一书（筹备中）中题为" René Lourau et Henri Lefebvre "的章节的内容。

勒内·卢罗的阿尔都塞主义偏航

亨利·列斐伏尔在《资本主义的幸存》第 I 章第二个注释中写道："勒内·卢罗曾在 1970 年 7 月 18 日 至 28 日召开于卡布里的研讨会的附件中总结过当年开展的公开辩论，却忘了引用该会议的某份报告 [1]。而这份报告恰恰涉及了'再生产'的问题，且将该问题延展得十分透彻。"他又补充道："为了提前回应不怀好意的评论，让我们尽早说明，我的批判分析一开始就涉及再生产的问题，尤其在《进入城市的权利》、《差异主义宣言》、《超越结构主义》中。此后还有更深入的分析［……］。"列斐伏尔再次提及《泛滥：从楠泰尔到巅峰》（特别是《资本主义的幸存》中经过改写的那部分）。

确实，在《作为统治阶级的官僚》（La bureaucratie comme classe dominante）[2] 一文中，卢罗忘了提及列斐伏尔。卢罗认为，包含在 1970 年关于国家与体制问题的公开辩论中的作者与文本如下（被他按照时间顺序列举在《人与社会》1971 年 7 月至 9 月第 21 期第 266 页上）："

1) 1969 年（？），阿尔都塞的一篇文章刊印，后于 1970 年 3 月被普兰查斯（Poulantzas）引用；

2) 1970 年 3 月，普兰查斯发表文章《论资本主义社会状况》

1　H. Lefebvre, «La classe ouvrière est-elle révolutionnaire? », *L'Homme et la société*, n°. 21, juillet-septembre 1971, p.149-156.（译按：即本书第 II 章。）

2　In *L'Homme et la société*, n°. 21 juillet-septembre 1971, p.259-278.

（« Sur L'état de la société capitaliste », *Politique aujourd'hui*,
3/70）；

3) 1970 年 6 月，阿尔都塞发表文章《意识形态与国家
意识形态的机制，研究笔记》（« Idéologie et appareils
idéologique d'État, notes pour une recherche », *La
Pensée*, n°. 151），该文改写并收录了上述刊印原文的
部分内容；

4) 1970 年底，普兰查斯出版作品《法西斯主义与独裁》
（*Fascisme et dictature*, Maspero），该书收录了《论资本
主义社会状况》的部分内容，并添加了针对阿尔都塞的
批评，尤其参见第一章第七部分及以下；

5) 1971 年 4 月，吕西安·塞夫（Lucien Sève）发表文章《卡
尔·马克思：论生产关系的再生产》（« Karl Marx : sur
la reproduction des rapports de production », *La Pensée*, n°.
156），批评了阿尔都塞，并强调了马克思提及生产关
系再生产概念的文本（《〈资本论〉未出版章节》第六章）。
值得注意的是，这个章节当时正由社会出版社（Sociales）
组织法共进行官方翻译，而"10/18"丛书已经出版了
由罗歇·当热维尔翻译并撰写了长篇导读的版本。后者
还翻译了马克思的《政治经济学批判大纲》（*Fondements
de la Critique de l'économie politique*, Anthropos）、《马克
思与恩格斯军事文集》（*Écrits militaires*, L'Herne），以

及其他在法国还不算知名的马克思主义作品。吕西安·塞夫则在文章中对当热维尔的《〈资本论〉未出版章节》的翻译与导读进行了反对。

6) 1971 年 5 月，路易·佩瑟瓦尔（Louis Perceval）发表文章《关于国家在资产阶级意识形态和阶级统治中所扮演的角色的几个方面》（« Quelques aspects du rôle de l'État dans l'idéologie bourgeoise et la domination de classe », *Économie et politique*, n°. 202），通过草草暗讽阿尔都塞的文本，加入了问题的讨论。在同一刊号上，让－皮埃尔·梅纳尔（Jean-Pierre Meynard）发表了文章《垄断主义国家与再生产的新矛盾》（l'État monopoliste et les nouvelles contradictions de le reproduction）的第一部分；

7) 1971 年 5、6 月，克洛德·贝尔热（Claude Berger）发表了文章《是否必须摧毁国家？》（« Faut-il détruire l'État?», *Politique aujourd'hui*, n°. 5/71 et 6/71），基于经典马克思主义及其他参与辩论者涉及国家的理论，对阿尔都塞展开了长篇攻击。

1971 年，拉帕萨德和卢罗共同出版了《社会学的要领》。尽管该书四次重复引用列斐伏尔，它体现的却主要是阿尔都塞流派的倾向。人们也可以在拉帕萨德同一时期出版的《审判大学》（*Procès de l'université*）中发现这种反历史主义流派的影响。列斐伏尔在辩证法意义上历史地理解体制分析的范例，因此他无法接受这类马克思主义教条主义学派的参考文献，认为需要在范例层面上将其驳斥。列斐伏尔试图构建一种可以在整体实践中实现的辩证法思想。在他看来，体制分析是一种能够将理论与实践结合起来的可能性视野。

体制分析的亨利·列斐伏尔？

在《资本主义的幸存》中，列斐伏尔对体制分析进行了一定的批判。他写道：

> 鼓吹体制分析的人绝不缺乏勇气与胆识。在其假设带来的结论面前，他们毫不犹疑。他们的思想局限是内在的。他们对各个机构分别进行分析，而且只在他们有能力介入的地方作业（"实地"介入是他们的理论实践）。因此教育和大学给这一学科提供了实地作业的优先权，有时候教堂也提供这样的优先权。然而到底该如何着手对诸如军队、法官、司法机构、警察、财政机构之类的子系统进行体制分析，既然它们通通从属于某个整体，而该整体将自身社会地具体化为所有这些机构？这些机构相互外在的性质只是表面现象。哪里有总体的位置呢？要如何达到总体的层面，理解它，定义它？人们可以断言这些机构组成一个整体，而官僚制度和国家就是全部现存机构的总体。然而又该从哪里、如何把握这一整体与其组成部分的确切关系和

衔接位置呢？经济学和政治经济学的位置在哪里？总不能因为需要一个单一的"实施体制化的"与"受到体制化的"官僚制度，就把它们弃之不顾吧。把一个机构如何"反映"或"解释"了一种更深或更高层次的现实展示给人看——不论这一现实是无意识还是历史、是官僚主义社会还是资产阶级国家、是经济的还是社会的——这是一回事；把一个机构如何积极参与生产或再生产社会关系展示出来，这就是另一回事了。勒内·卢罗曾提出这一问题，但并未给出解答。乔治·拉帕萨德刚起步就又被拉回到针对历史与（人类学的）人性的一般化思考中。[1] 作为一门学科，体制分析、它的介入实践基础及其群体动力学，都不可避免地在（对存在的事物进行）确认与对社会反抗带来的灾难性后果进行警告之间摇摆。[2]

这里，列斐伏尔的批判涉及好几个层次。第一个层次触及体制分析有可能介入的领域范围。列斐伏尔指出，有些机构不容接近（军队、警察、司法）。社会分析的介入领域因此是有限的。另一个层次在于，体制分析在涉及生产关系再生产的问题时显得无力。在《论国家》第三卷中，列斐伏尔将这项批评展开得非常具体，专注于详细探讨卢罗的"等价的普遍原则"

1　Réne Lourau, *L'Analyse institutionnelle*, Minuit, 1970 ; Georges Lapassade, *Groupes, organisations, institutions*, Gauthier-Villars, 1967, notamment p.121 et s., 176 et s.

2　H. Lefebvre, *La Survie du capitalisme*, présente édition, p.51 et 52.

(principe générale d'équivalence)，并对体制化的概念进行一般性讨论：该概念是否臻于完美而无须加以批判？它自己是否也陷入了某种制度之中？

亨利·列斐伏尔与社会分析

我认为，似乎需要把列斐伏尔从体制分析中——尤其是从当年体制分析的环境中——发展出来的社会分析这一概念单独提炼出来。1968 年，列斐伏尔在《现代世界中的日常生活》[1] 一书中写道：

> 人们把日常生活当作一般体验而绕过了它，并将其评价为有局限的实践，也就是或早或晚都要因为放弃而失败的个人生活。反对派？他们被隔离、被同化、被简化为空寂或被招安。对一些人来说，反对派缺乏经验；对另一些人来说，他们缺乏智慧。"反对"始终意味着"心照不宣"。充满"纯粹"恐怖、形式和空间的世界也被寂静填满，因为元语言再也无话可说，它们也为自身感到羞耻。这造就了某种**知识**——或者如果我们用词更加大胆的话——某种科学。这样的科学在日常处境与各种形式和机构的关系当中发现了前者，它揭示了日常性所包含的那些在日常生活

1　*La Vie quotidienne dans le monde moderne*, Paris：Gallimard Idées, 1968, p.345-346.

框架之下隐蔽、含糊的关系。

在开展上述反思的时候，列斐伏尔添加了一个非常明确的注释：“在这层意义上，乔治·拉帕萨德、勒内·卢罗，以及体制研究社团的成员已经进行了研讨。我们可以把这样的研究称为社会分析，它预设介入既定状况及某个群体的日常性。社会分析介入，可以把通过某种虚假证据、于某时某地混合在一起的日常性状况的各个方面分离开来进行分析，直到将外在的经验组合起来。”

该注释随后的内容涉及方法论步骤。对列斐伏尔来说，社会分析“接下来由归纳法与转移推导法进行”。然后他证明自己那种反斯大林主义乃至身处共产党内部的反对主张是与实践紧密相连的：“就这样，共产党内部反对斯大林主义的活动在那个时代就是一种杰出的社会分析。该分析发现的一部分内容也在日后的思想中（普遍在马克思主义思想中，尤其在社会学思想中）重现。”我们看到，对于 1968 年的列斐伏尔来说，社会分析可以是某个机构“内部的分析”实践。[1]

该注释结束后，正文继续论证：“生活在日常下的人察觉到的是厚厚面纱之下的透明，如此之厚以至于表象只剩下薄薄

---

1 如果我们重读斯大林主义期间的列斐伏尔作品，以及他在自传（前文引述的《总和与剩余》）中对这些作品进行的批判，就会意识到进行内部批判的工作一点儿也不容易。我在《亨利·列斐伏尔与创造性活动》(R. Hess, « Henri Lefebvre et l'activité créatrice », préface à la seconde édition de *Contribution à l'esthétique*, 2001）一文中对这一点有所阐述。可以想见，正是因为投身共产党内部的分析，列斐伏尔后来才与体制分析的范例不期而遇。

一层。要穿透这样的双重幻象，就必须进行几乎是外科手术一般的工作。对日常处境的探索假设介入是可能的，在日常下改变（并重新组织）的可能性，这样的可能性不会属于任何合理化或计划型机构。如此这般的整体实践要么可以通过概念分析来预备，要么则通过'社会分析'。作为社会普遍范围的整体实践，它是文化革命的一部分，在恐怖统治死亡的基础上建立，或者至少在反恐怖统治的介入活动的可能性基础上建立。"

在上述引文当中，我们看到列斐伏尔把概念工作（他正在实践的概念分析）与由拉帕萨德和卢罗发展出来的社会分析经验放在了同一个介入层面上来讨论。

列斐伏尔的转移推导法

通过《现代世界中的日常生活》，我们已经看到对于列斐伏尔来说，社会分析包含"归纳法与转移推导法"。这本书写于 1967 年，出版于 1968 年。在 1969 年出版的《形式逻辑，辩证逻辑》第 2 版序言（第 XXIII 页）中，列斐伏尔写道："除了演绎与归纳，辩证而深入的方法论应该表现出新的方法，譬如，转移推导法，这是思维过程对 / 向一个虚拟对象进行的构建与实现。它应该是一种关于可能和 / 或不可能对象的逻辑。"

"转移推导法"的概念是卢罗生命最后几年的作品当中的核心概念，它也在列斐伏尔笔下不断重现，比如，《从乡村到城市》（第 3 版，第 155-157 页）。在 1962 年第 1 版某章中

（1968 年重写并再版），列斐伏尔这样写道："让我们在此指出，转变概念与思维工具迫在眉睫。在本书中我会重新启用已经用在别处的提法，某些依旧不为人知的思维步骤不可或缺。"此处所说的就是转移推导法，他对其定义如下："这是一个与经典分析演绎都不相同的方法论思维过程，它也不同于建立'模型'，进行模拟，或提出假说。转移推导法从现实世界提供的信息与这一现实的问题出发，构思并制定一个可能的理论对象。转移推导法假定既定概念框架与经验观察之间进行着不间断的反馈。转移推导法的理论（方法论）使城市规划者、设计师、社会学家、政治家和哲学家的自发思维活动成形。它为乌托邦中的发明创造与认识提供了严密性。"

在 1961 年的《日常生活批判》第二卷中，列斐伏尔已经介绍了转移推导法。在这里，没有必要详细讨论这一点。然而我们应该注意到，是列斐伏尔的作品——而不是卢罗（及其信徒）的作品——提出了使后者得以提出体制分析范例的那些概念，尽管卢罗和其他人忘了引用他们的导师……

对于列斐伏尔来说，体制分析与辩证法，也就是与马克思主义之间，存在十分紧密的联系[1]。

1　如今看来，很有必要把亨利·列斐伏尔的纲领与体制主义马克思主义者让-玛丽·布罗姆（Jean-Marie Brohm）在 1968 年至 2002 年进行的体育批判理论研究领域联系起来。为此可参考 Jean-Marie Brohm, *La Machinerie sportive, essais d'analyse institutionnelle*, Paris：Anthropos, coll. « Anthropologie », avec une préface de R. Hess « J.-M. Brohm et l'analyse institutionnelle du sport de compétition », 2002。在这本书中，作者成功将意识形态、异化、批判及其分析、后果分析和介入等概念结合起来。

辩证分析与体制分析

在《形式逻辑，辩证逻辑》第 2 版序言中，列斐伏尔说明了体制分析与辩证分析之间的联系。他写道：

> 人们一旦接受马克思主义关于意识形态的定义（意识形态不仅仅是对"现实"扭曲而不完整的反映——首先它表现出被其大头朝下倒置的现实，然后它掩盖隐瞒该现实的矛盾），就能理解分裂而受到崇拜的逻辑如何为意识形态服务，甚至**充当了意识形态**（作为意识形态而存在）。

> 在这个意义上，整个作为意识形态的哲学都曾对逻辑作出解释，并把逻辑说成是对世界的解释（是固定在'世界'之上的栏杆，**魔法般使混乱与纠缠不清的冲突通通消失，魔法般用秩序替代失序、用透明替代晦暗**）。整个形而上学都从逻辑出发，建立在外推与简化之上。

> 逻辑形式变身为魔法，这在当代意识形态之下——尤其在结构主义之下，还有形式主义与系统化了的功能主义之下——也完全看得到、感受得到。像所有魔法那样，这种法术危害不小。它藏有一种或若干种战略（**阶级战略**，基于哲学或科学的抽象化崇拜所拥有的优先权与至高无上的地位）。意识形态由此具备了**政治功能**。

> **辩证分析**以逻辑形式为前提，既能证明矛盾存在，也能证明矛盾的"等级"（主要矛盾或次要矛盾，矛盾的主

要方面或次要方面[1]）。辩证分析将混乱成结而统一的矛盾分别揭示出来，因此它使人认清意识形态的本性，包括那些嫁接到逻辑与辩证法之上的意识形态。

如今，辩证分析拥有不同形式，其中之一就是体制分析，不管在意识形态与体制内部还是外部，它都能理解它们。要做到这一点，不能没有批判的实践。该分析意味着要有一个分析员、一种诊断法和一项诊断成果。[2]

在列斐伏尔的作品中，此类涉及体制分析的文字还有很多。本文的目的，是要展示列斐伏尔与 1962 年由拉帕萨德创立、后由卢罗在博士论文写作中奠基的体制分析之间，存在十分紧密的联系。从这一角度看，《资本主义的幸存》是个关键步骤。对本书的主题索引进行浏览，可以帮助我们理解作者观念的演进，这种演进将会在《论国家》一书中进一步深入。想要进一步了解相关讨论的读者，可以参考我重读《论国家》的心得（在我为卢罗而作的《大师之死：勒内·卢罗与体制分析的奠基》[*La Mort d'un maître, R. Lourau et la fondation de l'analyse institutionnelle*] 一书涉及卢罗与列斐伏尔关系的章节中）。

1　参考毛泽东的名作《矛盾论》(Sur la contradiction)，*Œvres*，collection U. p.148 et s.。

2　H. Lefebvre, Préface de la seconde édition, *Logique formelle, logique dialectique*. Paris：Anthropos, 1969, p.XXXIX.

***

因此，此次《资本主义的幸存》新版，顺应了重新发现列斐伏尔思想的潮流。2001 年 6 月 8 日开始在巴黎第八大学召开的研讨会持续了三天，聚集了来自多个国家的两百名参与者。由阿尔诺·斯皮尔（Arnaud Spire）完成的详细会议纪要[1]是新一代列斐伏尔读者的到场见证。请容许我摘录纪要内容：

> 本次研讨会的目的不在于重复回顾过去，而在于超越过去，把亨利·列斐伏尔的生活、作品和思想整合到人们对当今时代的理解当中。总而言之，这是一次以集会形式进行的创举！大量与会者自发地放下矜持，畅所欲言。列斐伏尔知道如何让自己的谈话对象开口。更重要的是，列斐伏尔知道如何倾听他们的发言。到场的不少杰出人士，在列斐伏尔在世之时都曾有幸与他频繁往来。他们年高望重，生逢其时。还有众多兢兢业业旁听讨论的学生，因了列斐伏尔埋藏已久的宝藏得以重见天日而神魂颠倒。他的 68 种作品被译成了 30 种语言。很多读者都为这些作品历久弥新的时效性感到惊讶不已。他们中的一些来自意大利、德国、英国、美国、巴西、摩洛哥等国。研讨会平均出勤人数一直保持在 150 位。这看样子成了超出组织者预计的巨大成功。生命之树是如此

1　Arnaud Spire, « Lefebvre : le retour », *L'Humanité* du 11 juillet 2001, p.22.

茂盛，理论的土壤是如此生机勃勃……

此次研讨会之前，已有"马克思空间"（Espace Marx）[1]于 2000 年 11 月组织过相关讨论……此后，讨论还在不同场合持续进行（2001 年 9 月在楠泰尔，等等）。

与此同时，通过电邮名单发送的列斐伏尔研讨倡议收获了26 篇重要论文，它们都为筹备 2001 年 6 月的研讨会作出了贡献。这些文章，还有研讨会的辩论内容，日后都有可能见诸公众。我们还会继续再版列斐伏尔那些已经绝版的作品。2002 年，西累普斯出版社将出版《尼采》。安特罗波斯出版社也会继续进行列斐伏尔作品的修订工作。

在同一套丛书中，我们还打算翻译出版乌尔里希·穆勒 – 朔尔（Ulrich Müller-Schöll）关于列斐伏尔哲学的重要作品《系统与剩余》（*Das System und der Rest*, 1999），这位哲学家已经出版过一部关于《日常生活批判》的研究著作……

在期待这些未来研究的同时，让我们祝愿该书广受当今学生欢迎，一如它从我们那代人中间收获的那样。

雷米·埃斯（Remi Hess）

巴黎第八大学教授

"人类学丛书"主编

1　法国马克思主义研究机构，成立于 1995 年，过去隶属法共。——译注

人名索引

主题索引

图书在版编目（CIP）数据

资本主义的幸存：生产关系的再生产：第3版 /（法）亨利·列斐伏尔著；米兰译. — 上海：上海社会科学院出版社，2024

ISBN 978-7-5520-4225-2

Ⅰ. ①资… Ⅱ. ①亨…②米… Ⅲ. ①生产关系—研究 Ⅳ. ①F014.1

中国国家版本馆CIP数据核字（2023）第165328号

上海市版权局著作权合同登记号：09-2023-0906

拜德雅·人文丛书

资本主义的幸存：生产关系的再生产（第3版）

La Survie du capitalisme. La reproduction des rapports de production, 3ᵉ édition

著　者：	［法］亨利·列斐伏尔（Henri Lefebvre）
译　者：	米　兰
责任编辑：	熊　艳
书籍设计：	左　旋
出版发行：	上海社会科学院出版社
	上海顺昌路 622 号　邮编：200025
	电话总机：021-63315947　销售热线：021-53063735
	http://www.sassp.cn　E-mail：sassp@sassp.cn
照　排：	重庆樾诚文化传媒有限公司
印　刷：	上海盛通时代印刷有限公司
开　本：	1092 毫米 ×787 毫米　1/32
印　张：	10.375
字　数：	198 千
版　次：	2024 年 1 月第 1 版　2024 年 1 月第 1 次印刷

ISBN 978-7-5520-4225-2/F·748　　　　　　　定价：68.00 元

（已出书目）